KB231657

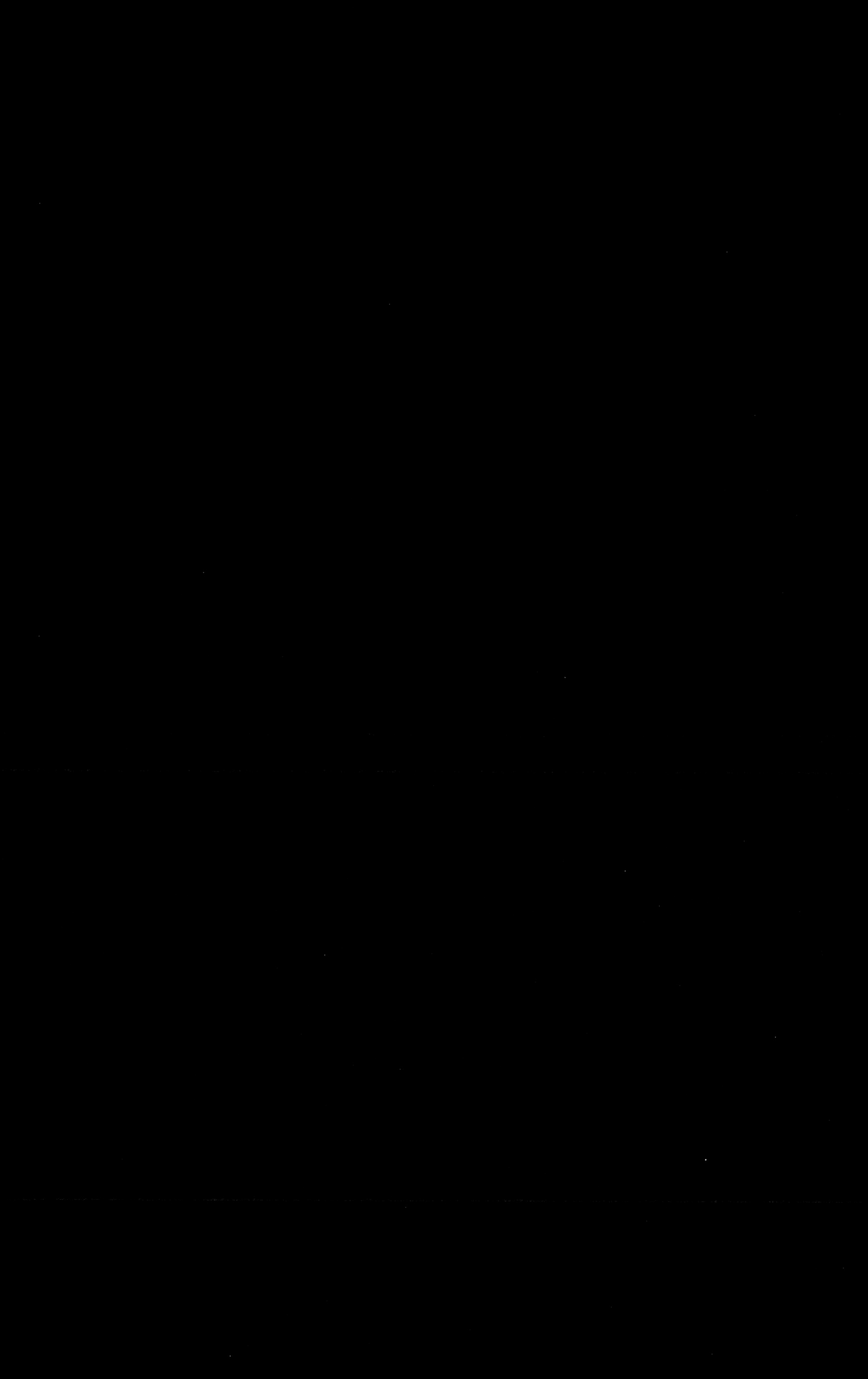

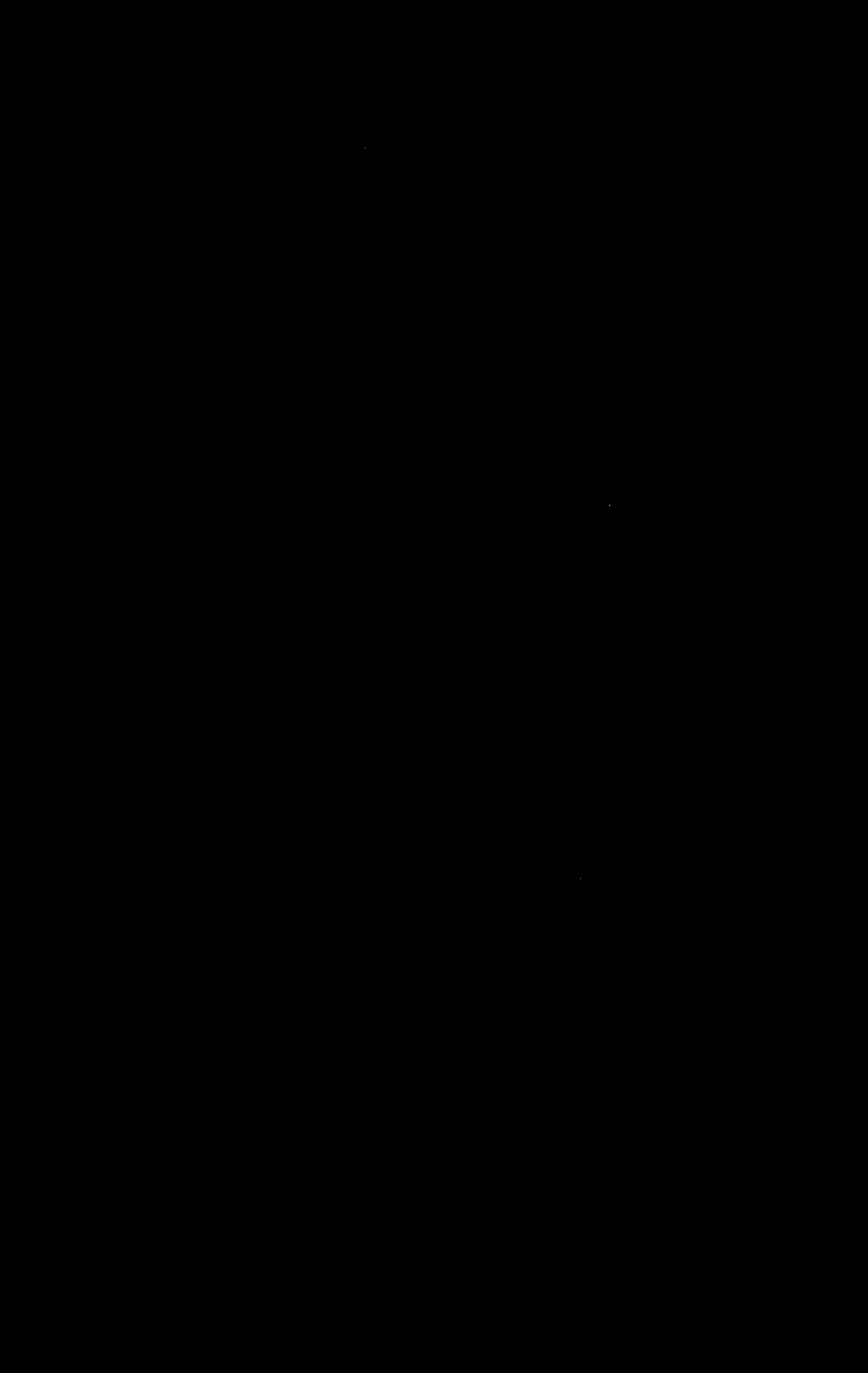

20대를 위하여

우 광 균 지음

가림출판사

희망의 씨앗을 뿌리는
20대를 위하여

우 광 균 지음

책머리에

최근 몇 년 사이에 우리 주변을 보면 30대 중후반 심지어 40대 초반까지 결혼하지 않은 노처녀, 노총각들이 의외로 많아졌다. 그런 세태를 반영이라도 하듯 독신주의자가 많이 생겨났고, 젊은이들에게 결혼은 더 이상 중요하지 않게 되었다. 인생의 우선순위에서 많이 밀려난 것이다.

그것은 많은 젊은이들에게 자기만족이 인생에서 중요한 지표가 되었고, 그에 따라 자신의 인생은 자기 스스로 책임져야 한다는 생각을 하고 있다는 것을 말해준다. 그런데 스스로의 인생을 책임질 수 있는 방편은 뭘까? 나는 '돈'이라고 생각한다. 자본주의 사회의 폐해일 수도 있지만 실상 그것이 현실이다. 혹 결혼을 했어도, 갑자기 닥친 불행한 일들을 감당할 수 있는 방편 또한 돈이 아닌가?

하지만 생각을 바꾸어야 한다. 자신의 인생에서 가장 중요한 것이 무엇인지 젊을 때 고민해야 한다. 그 고민의 결과를 통해 자신의 인생의 지표를 만드는 것이다.

사람이라면 누구나 궁극적으로는 행복해지길 원한다. 행복해지기 위해 돈을 필요로 하고, 행복해지기 위해 좋은 사람을 만나고 싶어 한다. 혼자 살려고 하는 것 또한 자신의 행복을 위해서가 아닌가? 스스로 만족하는 삶을 살 수 있을 때 사람은 행복을 느낄 수 있다.

그렇다면 행복한 삶을 살려면 어떻게 해야 할까? 이 책에서도 말하고 있지만 나는 사소한 것에 행복을 느낄 줄 알아야 한다고 생각한다. 애인이 됐든 가족이 됐든 상대를 웃게 하거나 세심하게 주변 사람들을 챙겨주거나 돈에 너무 쩔쩔매지 않는 것 또한 행복을 느끼는 방법 중 하나이다.

이렇게 사소한 일들로 인해 행복을 느끼는 시간이 많아지면 많아질수록 어느 새 행복한 삶을 사는 주인공이 되어 있을 것이다.

끝으로 이 세상 모든 이들이 행복한 삶을 살기를 바란다.

우광균

행복 2. 가족(家族)

'그 녀'들의 행복을 위해

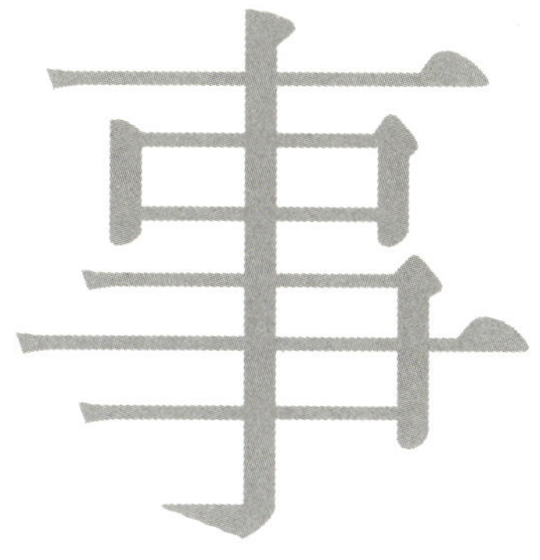

인생에 있어서 20대가 자신을 위해 가장 투자해야 할 시기다.
지금 당신의 일을 찾아 나설 때이다.

01 | 스스로 합리화시키지 마라

이 책을 읽다보면 어디선가 들어보거나 읽은 것 같은 느낌 혹은 아는 얘기, 뻔한 얘기인 듯한 느낌이 들지 모른다. 그러나 우리들이 늘 얘기하거나 잔소리처럼 들으면서 쉽게 생각하고 무시해버린 그 식상한 이야기들이 사실은 얼마나 중요한지 아는가?

20대는 꿈이 많아 좋은 때라고 흔히들 이야기 한다. 그러나 그 꿈을 현실로 만들려면 너무나 많은 어려움이 있다. 늘 하는 고민은 어떻게 하면 돈도 많이 벌고 수준도 높이고 행복하게 살 수 있을까, 돈에 쪼들리지 않고 어떻게 하면 사고 싶은 것들을 맘껏 살 수 있을까, 이다.

친구나 직장동료들과 술 마시면서 많은 얘기들을 주고받는다.

"야, 걔네들 있잖아. 요새 잘 나가더라. 옷도 잘 사 입고 못 보던 명품가방도 메고 다녀."

"수입이 뻔할 텐데 어떻게 그렇게 여유로울까? 밤에 아르바이트하나? 아님 돈 많은 사람이나 킹카를 만나나?"

우리는 잘 알지도 못하면서 조금은 나쁜 쪽으로 추측을 하기도 한다. 그것은 자신이 그러지 못함에 스스로를 합리화시키는 것일 뿐 결과적으로는 상대를 시기하고 자신도 모르게 그들을 선망하는 데에서 비롯된 생각이다.

준비된 자는
반드시 성공한다

　자신이 가진 환경적 조건을 극복하기 위해서는 일단 그 방법에 대해 곰곰이 생각해 볼 필요가 있다.

　13년 전 나는, K라는 23세쯤 된 젊은 친구를 우연히 알게 되었다. 당시 그는 반포 꽃 상가 가게 점원으로 일하고 있었는데 취직한 지 3개월도 안 되어 사장의 절대적인 신임을 얻었다. 또한 2년이 채 되지 않아 자본금 한 푼 안 들이고 일하고 있는 곳에서 100m쯤 떨어진 곳에 꽃 가게를 열었다. 비록 지분 40%의 동업사장이지만 그는 26살의 나이에 사장이 됐다. 그가 어린 나이에 사장이 될 수 있었던 것은 물론 남다른 노력이 있었기에 가능했다.

　그가 처음 꽃 가게에 취직했을 때, 그 주위 상인들은 그가 가게에서 먹고 자면서 생활하는 줄로 오해했다고 한다. 남들보다 한 두 시긴 일찍 문을 열고 또 그 만큼 늦게 문을 닫았기 때문에 받은 오해였다. 일찍 와서 청소는 물론 물건 진열도 여러 번씩 다시 하는 등 꽃을 더 잘 팔기 위해 항상 뭔가를 하고 있었다. 잘 진열되어 있는 꽃들은 고객들의 눈에 늘 예쁘게 정리돼 보였고, 다른 집하고 똑같은 신선도의 꽃인데도 더 싱싱해 보였다. 또 하나, 손님들에게 늘 생글생글 웃으며 참으로 친절하게 대했다. 포장을 하는 동안에는 손님에게 꽃말도 말해주고 꽃에 대한 간단한 지식도 알려주었다. 뿐만 아니라 손님들의 얼굴을 기억하고 있다가 반갑게 맞이하였고 밤이 되어 상가 전기가 다 내려졌을 때도 촛불 켜놓고 꽃바구니 꽃 포장을 연구했다. 관상용 나무를 사러 온 사람에게 시장에 있는 정보를 알려주기도 하는 등 그의 친절과 노력으로 그 점포는 5개월도 채 안 되어 50% 이상의 매출 성장을 보였다. 1년이 지날 쯤엔 그 주위 상인들이 매상이 조금씩 줄었다고 볼멘소리를 할 정도로 그가 일하는 가게에 손님들이 북적였다.

얼마 지나지 않아 상가 안에서 그의 소문은 금방 퍼졌다. 그 가게 사장님 복 터졌다느니, 무슨 저런 장사꾼이 있냐느니, 어린 놈이 참 대단하다는 등 그의 칭찬이 자자했다. 1년이 넘으면서 월급도 2배가 올랐다. 그의 사장님은 사십대 중반으로 흔히 주위에서 만나볼 수 있는 평범한 상인이었는데 그 어린 종업원 덕분에 진짜 장사는 이렇게 하는 거구나 하는 걸 깨닫게 되었다고 했다.

하지만 사장님은 그가 일을 시작한 지 2년 가까이 됐을 쯤엔 하루하루를 불안해했다. 여러 곳에서 그를 스카웃 하려는 사람들이 많아

졌고, 심지어 자본을 모두 부담하겠으니 사장을 하라는 제의까지 들어온다는 소문을 듣게 되었다. 사장님은 그의 얼굴이 매일매일 자신과의 의리와 유혹 사이에서 고민하는 것처럼 보였다. 그러던 어느 날 가게 사장님이 그에게 제안을 했다. 100m 떨어진 곳에 점포 하나를 더 오픈할 테니 그 가게 사장을 맡으라는 것이었다. 바로 동업을 제안한 것이다. 사장님이 60%, 그가 40%의 지분을 정하고 공증까지 마치자 그는 진짜로 자신의 가게를 갖게 되었고, 어엿한 사장님이 된 셈이었다. 그는 돈 쓸 시간도 없이 그동안 열심히 일한 덕에 차곡차곡 쌓인 월급도 꽤 많아 조그만 전세방도 마련했다. 사장이 되고 나서도 그는 더 열심히 일했고 서초 꽃시장으로 진출했다는 연락도 해왔다.

내가 그를 알게 된 건 그야말로 우연이었다. 내가 사는 집이 그 근처라 산책을 하거나 가끔 꽃을 사러 갈 때면 그는 언제나 밝은 표정과 진지한 모습으로 일을 하고 있었다. 그의 성실함과 부지런함에 반한 나는 어느 틈에 그와 매우 가까운 사이가 되었다. 그는 힘든 일이 생길 때 내게 여러 번 조언을 부탁했고 그때마다 나는 가능한 한 도움이 되고자 많은 말들을 들려주곤 했었다.

마지막으로 그를 만났을 때에는 생전 보지 못한 크고 화려한 장식의 꽃을 선물 받았다. "사장님, 은혜 잊지 않겠습니다." 라고 말하며 꽃을 건네주는 그가 무척 대견스럽게 느껴졌다. 나는 수고했다는 말과 함께 한 가지 당부를 했다.

"K군아, 네가 일찍 돈을 많이 벌었다지만 그 돈은 아직 네 돈이 아니다. 돈을 버는 것도 중요하지만 지키는 건 더 어렵단다."

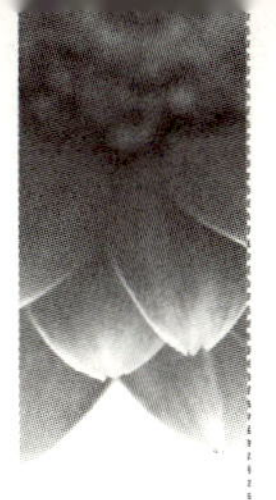

<h2>03 준비되지 않은 성실은
맨땅에 헤딩하기다</h2>

27세의 O양은 오랜 꿈이자 소원을 이뤘다. 갖은 고생을 하며 돈을 모아 동대문 M타운에 옷가게를 마련한 것이다. 가게 보증금이며, 인테리어, 판매할 옷을 사고 장사할 준비를 완료하기까지 들어간 돈은 4,000만원이 조금 넘었다.

그녀는 장사가 잘 될까 하는 두려움을 느끼긴 했었지만, 그건 어디까지나 희망의 또 다른 이름에 불과한 정도였다. 그녀는 2년 선에 M타운의 옷가게에서 점원생활도 1년쯤 해보았고, 가게를 오픈하기 몇 달 전부터 다시 점원생활을 시작하는 등의 경력이 있었기 때문에 무엇보다 자신이 있었다. 때문에 꿈에 그리던 '나의' 가게를 드디어 오픈해 주인이 된 그녀는 세상을 다 얻은 기분이었다.

그녀는 정말 열심히 일했다. 매출을 올리기 위해 종업원 한 명과 매일 아이디어 회의를 했다. 그런데 어찌된 일인지 6개월이 지나도 그녀의 통장엔 잔고가 늘지 않았다. 1년이 지나자 차츰 빚이 생겼고, 그녀는 조금씩 지치기 시작했다. 또 세상이 만만치 않다는 것도 느꼈다. 그녀가 어떤 일도 마다하지 않고 악착같이 돈을 모을 수 있었던 것은 옷가게 주인이 되고 싶은 꿈 때문이었다. 온갖 역경을 견디면서 용기백배할 수 있었던 것 또한 모두 그 꿈 덕분이었다.

그러나 장사가 생각처럼 쉽게 되지 않자 점점 자신감을 잃은 그녀는 '아무리 아이디어를 짜내도 별 신통한 방법이 떠오르질 않는다.', '다 때려치우고 시집이나 갈까?', '돈이 많은 남자에게 의지하고 싶어진다.'는 생각을 하기에 이르렀다. 그러면서 돈 많은 남자에게 호감을 느끼고, 주위 사람들에게 남자를 소개받는 등 쉽게 돈을 벌고 쓰는 생활을 접하게 되었다. 어렵고 힘들게 옷장사를 하는 것보다 돈 많은 남자를 만나 쉽게 편히 사는 것에 더욱 집착하게 된 것이다. 그녀는 결국 돈 많은 남자들과의 만남과 헤어짐을 반복하면서 장사에는 완전히 흥미를 잃었다. 예전의 그 당당한 꿈은 잃어버린 채 이젠 부나비처럼 이 남자 저 남자를 만나며 지낼 뿐이다.

04 준비운동이 필요하다

20대 초반이 대부분 그런 것처럼 그녀 또한 꿈과 돈과 자신의 가게만 있으면 그게 바로 성공인 줄 알았다. 하지만 그건 착각이고 오해였다. 그녀의 생활을 살펴보면 그녀가 사장이 될 만한 재목은 아니었던 것을 알 수 있다.

그녀는 20살에 직장생활을 시작했다. 밤에도 체력이 허락하는 한 아르바이트를 했고, 친구들과의 만남도 자제했으며, 씀씀이도 알뜰했다. 또 가족이나 친구들의 돈 부탁도 어렵게 거질하면서 자기중심을 지키려고 노력해 끝내 돈을 모으는 데 성공할 수 있었다. 하지만 이런 생활만으로는 자신의 가게를 성공적으로 이끌어나갈 수 없다. 중요한 것은 자신이 원하는 것을 이루기 위한 준비와 연습이다.

그녀는 뉴스를 보지 않았고, 신문 한 줄 안 읽어 세상이 어떻게 돌아가는지도 몰랐다. 게다가 책은 언제 읽었는지 모를 정도였다. 더욱이 자신이 가진 옷에 대한 직감력만 믿을 뿐 상자 옷상사를 할 사람으로서 가져야 할 판단력이나 분석력 즉 '이 집은 이런 것이 문제네, 저 집은 저런 것이 참 좋네.' 하는 등의 생각을 기르지는 못했던 것이다.

성공을 하기 위해서 20대에 할 일은 준비운동이다. 어떤 일을 시작하기에 앞서 무엇을 어떻게 해야 하고, 어떤 시각을 가져야 하는지 등등 자신만의 주관과 그에 대한 준비가 필요하다는 말이다.

하지만 그녀는 문제가 생기면 해결할 생각보다는 친구들을 만나 술을 마시며 넋두리하기 바빴다. 또 같은 또래 남자친구를 사귀면서도 자신의 꿈을 위한 정신적인 도움과 이해를 바라기는커녕 모든 또래들이 그렇듯 '너 그 시간에 어디서 뭐했어? 전화는 왜 안 받았어? 너 바람피지? 나는 이만큼 좋아하는데 넌 아닌 것 같다.' 는 등 온갖 쓸데없는 소모전으로 시간을 낭비하였다. 이렇듯 그녀는 정작 사장이 될 준비는 하나도 하지 않았던 것이다.

05 재산은 실패를 부른다

젊은 나이에 큰돈을 벌게 되면 허영에 사로잡히기 쉽다. 차도 남들보다 좋은 것을 타고 싶고, 골프도 치고 싶어지는 등 온갖 좋은 것들은 다 하고 싶어진다. 뿐만 아니라 돈이 많은 자신을 은근히 과시하고 싶어 돌잔치 선물도 친구들보다 더 비싼 걸 사고, 경조사비도 더 내고, 집안 행사엔 턱없이 많은 돈을 지불하는 등 정신없이 돈을 쓴다. 이 과정에서 자신은 늘 돈이 있고 또 앞으로도 계속 승승장구 할 것 같은 착각에 점점 빠져든다. 그러다보니 씀씀이가 더욱 대담해져 결국 비싼 룸살롱도 제집 드나들 듯 찾게 된다. 그런데 주색잡기에 한 번 빠져들면 만신창이가 될 때까지 헤어나기가 힘들다.

강남의 룸살롱 마담들은 산전수전 다 겪은 40~50대 부자들의 돈보다는 갑자기 큰돈을 번 졸부들을 좋아한다. 졸부들이야말로 돈을 아까운 줄도 모르고 펑펑 쓰기 때문이다. 마담들이 말하길, 처음엔 떵떵거리며 돈을 물쓰듯 하는 사장님은 1년 만에 자취를 감추고, 어떤 이는 2년, 길게는 3년 정도 지나면 아예 나타나지 않는다고 한다. 나중에는 1,000~2,000만 원 정도의 외상값만 남기고 사라지는 경우도 허다하다고 하였다. 예를 들어 코스닥 시장이 호황일 때 즉, 벤처사업이 매우 번창할 때, 강남 룸살롱에서 돈을 뿌려대던 20대 후반과 30대 초중반의 젊은 사장님들을 지금은 볼 수 없는 것과 같은 경우이다.

이렇듯 20대나 30대의 젊은 나이에 번 큰돈이나 아버지가 부자라서 아버지 돈으로 사업을 시작한 사람의 돈은 결국 남의 돈이 되고 만다. 이는 벼락부자가 된 사람들이 흔히 겪는 코스이다. 돈을 버는 것보다 유지하는 것이 얼마나 어려운지를 이 사례만 보아도 알 수 있다.

앞에서 언급한 O양과 K군의 사례를 살펴보자.

옷가게 O양은 가게를 오픈하기 위해 5년 넘는 시간동안 나쁜 오해도 받고 자존심도 상해가면서 4,000만 원을 모았다. 사실 따지고 보면 우리들 중 사회생활을 시작한 지 5년 만에 4,000만 원을 모은 사람이 얼마나 되겠는가? 그다지 많지 않을 것이다. O양의 노력은 가상하지만 돈만 모은다고 해서 모두 성공하는 사람이 되는 것은 아니다. O양은 그것을 몰랐다. 세상은 성공을 쉽게 허락하지 않는다.

06 생활방식을 바꿔라

누구보다 젊은 나이에 성공을 하고 싶다면 혹은 원하는 것을 얻으려면 일단 주위 사람들과 조금은 달라야 한다. 주위 사람들과 똑같이 행동하고 생각한다면 절대로 자신이 원하는 성공을 얻을 수 없다.

여기서 말하고자 하는 것은 바로 생활방식이다.

사회생활에서 가장 중요한 것은 친구와 선후배를 잘 만나야 한다는 것이다. 생각이 비슷한 사람들끼리만 만나다보면 변화의 기회를 놓치기 쉽다는 사실을 아는가? 앞서가는 사람들은 주위 사람들과 뭐가 달라도 확실히 다르다. 예를 들어 자신이 시간개념이 없고, 밤에 친구들과 술 마시며 수다 떠는 걸 좋아한다고 가정해보자. 그러면 귀가시간이 새벽 2~3시가 되는 것은 기본이고, 이에 따라 직장생활도 힘들어질 것은 자명한 일이다. 왜냐하면 전날의 숙취도 제대로 못 풀어서 피로가 쌓이고 그로 인해 일에 집중하기가 어렵기 때문이다. 만약 한 달 월급을 100~180만 원 정도 받는 사람이라면 동장의 산고가 나날이 줄어갈 것은 불 보듯 뻔하다.

또 옷은 항상 입을 게 없고 사고 싶은 건 너무 많다고 느낄 것이다. 월급 날짜가 가까워지면 더더욱 쪼들리는 일상 또한 이미 익숙하고… 만약 이런 생활이 습관화 된 사람이라면, 그가 사는 동안 얻을 수 있는 것이 무엇일까? 게다가 술자리에서 나누는 대화는 늘상 누구누구의 남자·여자 친구의 키나 외모, 스타일에 대한 이야기, 저번에 같이 갔던 나이트클럽 부킹 이야기, 성형 수술 이야기, 명품 이야기, 친구들 간의 갈등 이야기, 직장에서의 갈등 등 소모적인 이야기에 불과하다. 또한 주위에 만나는 사람이 많다고 해도 이야기의 깊이나 폭이 넓어지는 게 아니라, 같은 이야기만 더 많이 반복하고 있다는 것도 깨닫지 못할 것이다. 그러면서 스스로 위안할 것이다. '다들 이렇게 스트레스를 풀고 사는 것 아니겠어?'

이렇듯 자신의 생활습관은 바꾸지 못하면서 생각으로만 성공하기를 바라는 이들이 사실은 너무나 많다. 주변 사람과 무엇 하나 다르지 않으면서 그들보다 더 나은 삶을 살고 싶은 것은 허무맹랑한 욕심에 지나지 않는다. 이 진실에 가까운 사실을 깨달은 이들이 과연 얼마나 될까?

07 자신의 가치를 올리려면 주위의 가치부터 올려라

앞서 언급한 친구나 선후배 관계를 어떻게 유지하면 좋을까?

일단 가장 먼저 할 일은 매일 붙어 다녔던 중·고등학교 동창, 어린 적 소꿉친구 등 가까운 친구일수록 1달에 1~2번 정도만 만나도록 하자. 당장은 '말도 안 돼.' 혹은 '그 친구가 서운해 하면 어쩌지?' 하는 생각을 하겠지만 꼭 그래야만 한다. 직장 동료나 애인도 역시 마찬가지이다.

어떤 사람을 만나느냐는 사회생활의 방향을 결정하는 데 큰 역할을 한다. 즉 10대나 20대의 젊은 시절에는 목적을 가지고 친구를 사귀지 않기 때문에 나쁜 습관을 가진 친구라도 마냥 좋다. 하지만 근묵자흑(近墨者黑)이란 말도 있지 않은가? 시간은 금세 지나가고 그 사이 자신도 모르게 친구의 나쁜 습관을 본받게 된다. 그렇게 나이를 먹다보면 어떤 것도 달라지는 게 없을 것이다.

남보다 일찍 성공하기를 원한다면 자신에게 나쁜 영향을 줄 만한 사람들과의 관계를 정리할 줄 아는 의지와 용기가 필요하다. 흔히들 말하기로 속이 꽉 차고 나쁜 습관이 없는 사람, 앞으로 성공하는 데 본받을 수 있는 사람을 만나야 자신 또한 그런 사람이 될 수 있는 것이다.

성공 가능성을 안고 있는 젊은 사람들을 자세히 살펴보아라. 그들에게는 친구들을 매일 만날 시간이 없다. 대신 공부에 혹은 직장생활에 매우 열중하고 있다. 거기서 그치지 않고 어학 공부든 뭐든 자신의 능력을 높이기 위해 필요한 것이라면 무엇이든 배운다. 그리고 그것에 미친 사람처럼 노력하지 않으면 절대로 성공할 수 없다는 것 또한 알고 있다.

뿐만 아니라 친구를 사귀는 것도 다르고 노는 것도 뭔가 다르다. 친구나 선후배를 사귈 때 자신에게 영향을 미치는 정도에 따라 A급 몇 사람, B급 몇 사람, 그냥 편하게 만나는 C그룹으로 나누며, 놀 때에도 스스로를 연마한다. 즉, 사회생활에 도움이 되는 것들을 배우면서 논다는 말이다. 예를 들면 노래솜씨가 별로 없는 아이는 친구들과 노래방에 자주 가고, 심지어 혼자서도 노래방에 간다. 자신의 노래실력이 향상될 때까지 연습을 거듭하는 것이다. 남들 같으면 술 마실 돈으로, 골프나 수영 같은 운동을 배우는 것에 투자한다. 이렇듯 노는 행위 하나도 자신에게 득이 될 것이라고 생각하면 그것이 무엇이든 기억하고 익히고 배운다. 이처럼 끊임없이 준비하는 자에게만 성공은 미소를 짓는다.

08 정이 성공을 대신해주지 않는다

사람이라면 자신에게 잘 대해주고 정을 주는 사람이면 누구든 간에 좋아하기 마련이다. 물론 자신이 싫어하는 스타일이나, 성격 등 나름대로의 기준은 있지만 웃는 얼굴에 침 못 뱉듯이 잘 대해주는 사람에게 무관심하게 대하는 것 또한 쉽지 않다. 그런데 자신이 좋아하는 스타일의 사람이라면 어떤가? 당장 친해질 것은 말할 것도 없고 영원한 우정을 다짐할 것이다. 그러면서 자신에게 무슨 일이 생기면 언제나 자기 편을 들어주고 도와줄 것이라 확고히 믿고 또 그 믿음과 우정을 유지하기 위해 매일 만난다. 적어도 1주일에 3~4번 이상은 만난다. 친한 친구끼리는 비밀이 없어야 한다고 생각하기 때문에 자신에게 생긴 온갖 나쁜 일, 복잡한 일, 따질 일, 화나는 일 등등 일상의 사소한 문제까지 쉴 새 없이 이야기한다. 만나서 하는 것도 모자라 핸드폰 요금이 부담스러울 정도로 통화도 한다.

하지만 시간이 가고 세월이 흐름에 따라 그렇게 친한 친구들도 서로 돈에 얽히고 작은 오해를 빚어 조금씩 멀어진다. 애인이 바뀌기도 하고 직장을 옮기면서 새로운 사람들을 만나게 된다.

이렇게 만난 친구나 동료들과 만나서 뭘 하는가? 대부분의 사람들이 커피 마시면서 수다를 떨거나 술을 마신다. 여기서 많은 이들이 쉽게 착각하는 것이 바로 술을 마시면서 애기해야 더 진실하고 더 가까워진다고 여긴다는 것이다. 그래서 또 매일 같이 술을 마신다.

자, 그럼 친구나 애인을 만나지 말고 술도 먹지 말아야 한다는 애기가? 물론 그건 아니다. 만날 때 만나더라도 자신의 규칙을 정하고 그것을 지키면서 만나야 한다는 것이다. 우선순위를 정해놓고 자신이 하는 일에 최선을 다한 뒤 여가시간에 우정이나 사랑을 지켜도 충분하다. 정이 성공을 대신하지 않는다. 자신의 일을 충실히 해냈을 때 친구나 애인과의 관계도 순조롭게 유지할 수 있다.

09 생긴 대로 살고 싶다면 지금 같이 살아라

부모님이 하루가 멀다 하고 지지고 볶는 집에서 자랐거나 결손 가정에서 태어난 것은 자신의 책임이 아니다. 불우한 가정을 선택하고 싶은 사람은 없기 때문에 책임을 물을 수는 없는 것이다.

하지만 성인이 되었다면 이야기는 달라진다. 성인은 그야말로 책임을 질 수 있는 나이가 되었다는 말이다. 자신이 학생이든 사회인이든긴에 그동인은 여러 환경적인 요인들로 인해 어쩔 수 없이 불우하게 살았다면, 지금부터라도 거기에서 벗어나기 위해 노력해야 한다. 이제 성인이기 때문에 자신의 인생은 스스로 책임질 수 있어야 하며, 또 자신의 노력 여하에 따라 인생이 달라지기 때문이다.

어린 시절에 언제나 포기를 강요받는 등 여러 가지 환경적인 이유로 부모님에게 불만을 느껴본 사람이라면, 하루 빨리 20살 성인이 되어 스스로 선택하고 스스로 책임시기를 학수고대했을 것이다. 한번쯤 부모님과 세상을 원망하지 않은 이들이 없을 리 만무하다.

　부모님들은 '자식이 10명이라도 어디 소중하지 않은 자식 있으랴.' '열 손가락 깨물어서 안 아픈 손가락 없다.' 고 말씀하신다. 당연한 말씀이고 누구나 공감하는 말씀이다. 어떤 부모님이든 그때 처한 상황이 그러했기 때문에, 눈에 넣어도 아프지 않을 자식에게 그렇게밖엔 할 수 없었던 것이다. 그래서 자신이 이제 성인이 되었다면, 더 큰 노력으로 '그렇게밖엔 할 수 없는' 상황이 일어나지 않도록 해야 한다. 스스로의 인생에 책임질 수 있을 때 성공의 가능성이라도 잡을 수 있는 것이다.

　또 하나, 성인이 되면 부모님하고도 대인관계가 시작되기 때문에 자기관리와 노력이 필요하다. 자신의 생활이 여유롭고 행복해야 부모님께 효도도 할 수 있다. 부모님과 형제도 그런데 세상이야 오죽하겠는가?

　늘 부모님만 원망하며 억울하다고 푸념만 늘어놓는 사람은 죽을 때까지 그 상황에서 벗어나지 못한다. 자신이 원망스러워마지 않는 그 삶 속에서 항상 고달프게, 불행에 찌들어 살게 되는 것이다. 불행은 다른 것이 아니다. 자신의 생활에서 주인이 되지 못하고 여유라곤 없이 사는 것이 바로 불행이 아니고 뭔가? 생각하면 끔찍한 일이 아닐 수 없다. 젊었을 때 최선을 다하지 못한 채 그저 되는대로 살다보면, 결국 자신이 부모님을 원망한 것처럼 자녀들 또한 그 영향 아래 있을 것이고, 그것은 자녀의 인생에서 다시 반복되고 말 것이다.

10 | 뒤집고 싶으면 시작해라

앞서 언급한 꽃 가게의 K군처럼 자기 하는 일에 미쳐보아라. 비록 시작은 초라했으나 자신이 하는 일을 사랑하고 그 일에 미치면 성공은 그림자처럼 따라온다.

주위 사람보다 더 노력하고 더 계획하고 더 부지런하고 더 공부해보아라. 또 자신에게 도움이 될 만한 사람들과 끊임없이 만나라. 그들이 주는 용기와 조언 그리고 지혜는 성공의 밑거름이 된다.

성공하는 이와 그렇지 않은 이의 차이는 생각과 행동의 차이이다. 성공하는 이들은 일단 계획이 정해지면 그대로 행동한다. 그러므로 성공하고 싶다고 생각만 하지 말고, 지금부터 행동하라. 어떤 상황과 조건에 관계없이 자신이 세운 계획에 따라 꾸준히 실천하면 무엇이든 자신이 원하는 것을 얻을 수 있다. 바로 지금 시작하라.

K군처럼 자본금 하나 없어도 성실함과 부지런함, 그리고 일에 대한 사랑으로 성공을 얻을 수 있다. 이렇게 성공한 K군이 아주 특수한

경우라고 생각하는 사람도 많을 것이다. 하지만 그것은 아주 착오적인 생각이다.

어디에서 어떤 일을 시작하든 최선을 다해 일해보라. 근무시간 이외에도 자신이 하는 일에 깊이 열중하고, 그 일에 도움이 되는 책과 사람을 만나다보면 꼭 돈에 대한 보상이 아니더라도 자신의 분야에서 능력 있는 사람으로 인정받을 수 있다. 또한 그런 사람에게는 어떤 식으로든 성공할 수 있는 기회가 꼭 생긴다. 그래서 20대 말미에는 아마 성공의 가능성을 품고 있는 재목으로 성장해 있을 것이다.

11 스스로를 세공하라, 자신을 만들 줄 아는 것도 경쟁력이다

혼자 있는 시간을 많이 가지면 자신을 돌아보는 시간을 자연스럽게 가질 수 있다. 그 시간 동안은 적어도 자신을 반성하며 성찰하는 등 생산적인 고민을 하게 된다는 말이다. 자신의 성격이 너무 예민해서 주변 사람들과 어울리기 힘든 점은 없는지, 너무 편안한 나머지 남들에게 무시당하는 면은 없는지 등 총체적으로 자신을 성찰해본다.

일반적으로 알려지기로는, 성격이 침착하고, 흥분을 잘 하지 않으며, 생각이 깊은 사람들이 성공할 확률이 높다고 한다. 혹 자신의 성격에 문제가 있다고 느끼는 사람이라면 이제부터라도 자신의 성격을 보다 긍정적인 방향으로 고치려고 노력해야 한다.

이와 더불어 호감을 주지 못하는 미소나 웃음소리를 가진 사람이라면 거울 보면서 혼자 연습해본다. 그리고 자신의 옷 입는 스타일도

다른 사람한테 호감을 주는지 등을 생각하면서 호의적인 이미지를
만들도록 노력해본다.

습관처럼 무서운 것은 없다. 특히나 나쁜 습관은 정말 고치기가 쉽
지 않다. 이것은 사회경험의 유무와는 상관없다. 어떤 경험도 없는
사회 초년생에게도 나쁜 습관과 불필요한 고집들은 있기 마련이다.
그게 바로 문제의 핵심이다. 사회 초년생의 나쁜 습관이 20대 중후반
이 되면 고치기 힘들어지고, 또 고치려 해도 시간이 많이 걸린다. 그
러므로 나쁜 습관은 작든 크든 빨리 한 번에 고쳐야 한다.

제일 먼저 귀가시간을 준수하라. 생활을 규칙적으로 해야 일상을
제대로 영위할 수 있다. 친구나 애인과 만나는 횟수를 최소한으로 줄
여라. 그리고 사람들은 되도록 5살 정도 연상인 사람들과 어울려라.
그래야 또래보다 세상을 넓게 볼 수 있는 혜안을 가진다.
나는 많은 젊은이들이 나쁜 습관인 줄 알면서도 고치지 못하는 모
습을 많이 봤다. 한 예로 컴퓨터 온라인 게임에 미친 젊은이들을 보
라. 게임하고 싶은 마음을 이기지 못하고 또 습관을 고치지 못했기
때문에 자신이 점점 망가지는 줄도 모르고 인생을 허비하고 있지 않
은가?

어렸을 때부터 부모님을 존경하면서 성장한 사람도 있고 성인이
되어서야 부모님을 더 이해한 사람들도 있을 것이다. 이것을 일찍 깨

달은 사람이라면 자신이 더욱 성공해서 부모님께 경제적인 면에서
도움을 주고 싶어 할 것이다. 힘든 삶 가운데서도 길러주신 부모님들
을 항상 생각하며 성공을 위해 더욱 힘쓰길 바란다.

앞에서 언급된 이야기들은 결국 돈을 많이 벌어서 여유롭고 행복하게 살자는 이야기이다. 이제부터는 단도직입적으로 돈에 대해 이야기해 보겠다.

처음 직장생활을 시작하면 누구나 500만 원 또는 1,000만 원 만기 적금을 시작한다. 20대 초, 사회생활을 갓 시작했을 때에는 적금 붓고 남는 작은 돈으로 알뜰살뜰 쪼개서 친구 만나 밥도 먹고 술도 한잔씩 하는 등 나름대로 규칙적인 생활을 한다. '적금 타면 이것도 배우고 저것도 배워서 내가 하고 싶은 일 해야지. 그래서 돈도 더 많이 벌거야.' 하며 꿈에 부푼 사람도 있고 또 어떤 사람은 '월급이 지금보다 오르면 더 많은 돈을 모아 시집을 가거나 내가 원하는 것을 할 수 있을 거야.' 라고 생각하며 흐뭇해하기도 한다.

그렇게 직장생활을 5년, 8년, 10년 정도 하면서 돈을 모으고, 평생

친구들과 나이트클럽 2~3번 밖에 안 가보고 비싼 음식, 비싼 옷 안 먹고 안 입고 자신과 어울릴 법한 남자를 적당히 골라 얼마간 연애하다 결혼한다. 큰 변화 없이 이렇게 자기가 원하는 소소한 행복을 이루는 사람들이 많으며 그것이 사실 행복이기도 하다.

그런데 우리네 세상이 조금은 미쳐 있고 무분별해진 가치관으로 인해 누구나 늘 돈, 돈, 돈 한다. 아무리 평범하고 행복하게 살려고 해도 그게 잘 안 되는 것이다. 그 놈의 돈 때문에 말이다.

5~10년의 직장생활을 정리하고 결혼하면 '불행 끝 행복 시작'인 것 같지만 실상은 그렇지 않다. 그들의 대부분이 다시 사회로 돌아온다. 물론 여러 가지 이유가 있겠지만 실상 그 원인은 돈에 있다. 아이들 양육비나 교육비가 엄청나 한 사람의 월급으로는 너무나 벅차기 때문이다. 매일 접하는 뉴스나 드라마에서도 돈 때문에 사람이 죽기도 하고 또 죽이기도 한다. 명예를 가진 자도 돈을 많이 가진 자에게 굴복하고, 돈을 많이 버는 연예인은 이미 우상이고, 당장 주위에 돈 많이 번 친구, 돈 많은 남편을 둔 친구가 부러움의 대상이 된다. 돈 있고 없고의 차이에 따라 다른 계층으로 분리되며 실제 다른 수준으로 살아가게 되는 것이다.

사회생활을 시작하면 돈 많은 자와 돈 없는 자의 차이를 더 크게 느낀다. 아니 사회생활을 시작하기 전에도 또 그 나름대로 돈에 대한 스트레스가 많다. 그래서 누구나 '이 다음에 어른이 되면 돈 많이 벌어야지. 고생하시는 부모님을 꼭 호강시켜드려야지.' 하는 다짐을 한

번쯤은 해봤을 것이다.

하지만 사회생활을 시작한다고 해서 어릴 때 바라던 그 여유를 당장 가질 수 있는 것은 아니다. 직장에 들어가 보아도 샐러리맨들의 뻔한 월급으로는 아무리 저축을 해도 쉽사리 돈이 모이지 않기 때문이다. 게다가 사회관계를 유지하기 위해 쓰는 술값이며, 옷값 등은 생각 이상으로 많이 든다. 그래서 부모님 용돈조차 감당하기 벅차 하는 사람도 많다.

13 | 돈을 좇지 말고
이미지를 좇아라

돈을 벌고 싶은가? 승진을 하고 싶은가? 아니 성공을 하고 싶은가? 그러기 위해서는 실력을 쌓고 자신만의 이미지를 만들어라. 그리고 자신감을 가져라.

사회생활을 몇 년 동안 지속하면서 필요한 것은 '얼마를 모았느냐?'가 아니라 '얼마짜리 가치가 됐는가?'이다. '나는 뭘 해도 최소한 월 500만 원 아니 1,000만 원 정도 벌 자신은 있어.'라고 할 정도의 능력과 자신감을 가질 수 있어야 한다는 말이다.

또한 자신만의 이미지를 만든 사람이어야 성공의 키를 더 쉽게 얻는다. 이미지란 쉽고도 어렵다. 예를 들어 선배나 친구가 어떤 일을 부탁했을 때 일을 대신 해줬어도 돈을 받지 말고 어떤 접대도 받지 마라. 무슨 일을 하든 밝고 행복한 얼굴로 해보아라. 그러면 그들은 여러분에 대한 생각을 분명 달리 하게 될 것이며, 그때의 이미지가 깊이 각인될 것이다. 성공은 특별한 상황에서만 생기는 것이 아니다.

자신만의 이미지가 있다는 것은 이미 절반은 성공한 것이다

어느 부모든지 자식들이 공부를 잘 해서 전문직을 갖거나 큰 사업을 하길 바란다. 그래서인지 부모님들이 자식에게 제일 많이 하는 말이 아마 공부하라는 이야기일 것이다.

나의 절친한 친구와 그의 아들에 대한 이야기를 해보겠다. 내 친구는 자신의 아들에게 공부하란 말은 거의 하지 않았다고 한다. 특히 그의 아들이 중학교 1, 2학년 때쯤 공부를 무척 하기 싫어하는 것을 본 이후로는 자제하게 되었다고 했다. 대신 "너는 한 학급 5명을 위한 들러리야. 5명 가지고는 학급을 유지할 수 없으니까." 라는 농담 섞인 말로 아이의 자존심을 건드렸단다. 왜냐하면 적어도 자존심이 무엇이고 또 그것을 지키는 법을 알아야 언젠가는 자신이 진정으로 원하는 일을 찾을 수 있다고 생각했기 때문이라고 하였다.

심지어 내 친구는 아들이 고등학교 2학년이 되어 열심히 공부하겠다고 할 때에도 "인생 대역전"이라는 TV 프로그램을 보게 하고 독후감을 받았다. 그것을 1년 정도 계속한 뒤에 놀랍게도 글재주라곤 없던 아들이 학교에서 산문상인가를 받아오기도 했다는 것이었다.

그 후 아들은 공부를 열심히 하는 듯 했지만 원하는 대학에 갈 수는 없었다. 불가피하게 재수를 하던 아들은 어느 날인가 내 친구에게 자신의 자존심을 걸고 이번만큼은 죽을 힘을 다해 한번 해보겠다고 말했다. 내 친구는 속으로 '이 녀석이 정신을 차렸구나.' 하고 아들을 믿어주었을 뿐만 아니라 진짜 공부를 할 거면 더 넓은 곳에 가서 해보라며 중국의 북경대 진학을 권했다.

그렇게 12개월이 지난 후, 드디어 북경대 입학시험을 모두 치른 뒤 아들을 보니 모든 힘을 소진한 듯 지쳐보였다. 실제로 내 친구의 아들은 공부를 너무 열심히 해서 죽을 것 같다고 할 정도였다. 우연히 내 친구와 함께 합석한 나는 그의 아들에게 "떨어져도 너무 초조해하지 마라." 라고 위로했더니 "이젠 더 이상 공부할 힘도 남아 있지 않고, 더 이상의 공부는 싫다."고 했다.

합격발표 전 '세계 12위 대학에 요행은 없을 거야.' 하는 생각에 내 친구는 아들의 합격을 기대하지 않으려 했는데, 중국 현지 학원 선생님의 말이 자신이 6년간이나 입시학원 선생님을 했지만, 내 친구의 아들만큼 중간에 한 번도 흔들림 없이 열심히 하는 애는 처음 봤다고 귀띔해줘서 은근히 기대하고 있었다.

　이렇게 장황한 설명을 하면서까지 이 이야기들을 하는 이유는 따로 있다. 태어나서 처음으로 자존심을 걸고 열심히 공부했는데 떨어지면 얼마나 막막하겠는가?

　내 친구는 그의 아들이 이번에도 대학에 떨어지면 아예 장사꾼으로 만들겠다는 생각을 했다. 그리고 나 또한 친구의 생각에 동의하여 그의 아들에게 "너무 긴장하지마라. 까짓 떨어지면 어떠냐? 너는 뭐든 할 수 있다. 너 좀 쉬었다가 솥뚜껑 삼겹살집이라도 하면 어떻겠니?" 등의 농담을 섞어가면서 솥뚜껑 삼겹살집 장사에 대해서 자세히 설명해 주었다.

　"일류 대학에 합격하면 엘리트로 성공할 수도 있겠지만 삼겹살집도 괜찮아. 너희 집이 강남이니까 강남 어디 적당한 골목에 8~10평 남짓 조그만 가게에 테이블 4개 정도를 놓고 '왕 솥뚜껑 삼겹살집'을 해 보는 거야. 네가 사장도 하고 점원도 하면서 말이야. 기존의 큰 가게에서는 하지 않는 마케팅으로 승부를 내보는 거지. 가게 안에 신선하고 재미있는 글들도 써놓는다든가 손님들과 이야기를 할 때에도 다른 곳과는 좀 다르게 하면서 말이야. 예를 들어 손님들과 이야기할 때 이렇게 해보는 건 어떨까? '어린 저를 보고 사장님이라고 불러 주문하면 형이나 누나들은 소주 한 병 공짜로 다 먹어야 됩니다. 어이하고 불러도 좋고 야라고 불러도 좋고 김과장~ 하고 부르든 손님들 자유입니다. 사장님이라 부르면 벌칙이 많습니다. 양심껏 진짜 돈이 모자라 식사가 모자라신 분들 말씀만 하십시오, 고기든 뭐든 더 드릴 수 있습니다. 우리 집은 삼겹살도 팔지만 행복도 팝니다.' 이렇게 말야."

나는 거기서 그치지 않고 내 친구의 아들에게 가능한 한 도움이 될 말들을 많이 해주었다. 행복을 이미지화해서 팔자거나, 안면을 익힌 손님에게는 서비스로 누룽지탕이나 라면을 주라든가, 따뜻한 말 한 마디를 잊지 않는 것 등을 마케팅 전략으로 활용하라고 했다. 손님들을 진심으로 대할 때 행복은 자연히 팔리고 그에 따라 손님들은 모이게 된다. 그렇게 되면 보다 더 큰 규모의 가게를 가질 수 있는 꿈과 희망을 주는 돈이 쌓이고 성공도 할 수 있다.

예전에는 마케팅이 중요한 줄 몰랐지만 지금은 마케팅이 무엇보다 중요한 사업수완이 되었다. 파릇파릇한 젊은이들의 재미있고 환상적인 아이디어는 성공의 길을 보장한다. 어떤 사업을 시작하더라도 안일하게 '최소한 30만 원은 벌 수 있을 거야. 열심히만 하면 되겠지 뭐.'라고 생각하지 말고 자신만의 이미지를 살릴 수 있는 아이디어를 떠올려보자. 돈보다 중요한 것은 바로 그것이다. 자신만의 이미지를 팔면 결국엔 돈도 따라온다.

15 20대에 시작할 수 있다

　우리나라 대기업과 탄탄한 중소기업들의 마케팅 전략은 가히 세계적인 수준이다. 하지만 우리 주변의 수많은 상가들을 보라. 몇몇을 제외하면, 해당 상가의 이미지를 고려하여 마케팅 전략을 세우는 곳은 거의 전무하다. 예를 들어 아직도 많은 가게들이 20년 전과 다름없는 진부한 방식으로 장사를 하고 있다. 친절이란 보기 드물고, 무표정한 얼굴이나 어색한 얼굴로 메뉴판만 내밀고 간다. 재주문이라도 하면 손님은 쳐다보지도 않고 대답만 하는 데다 주문한 것도 한참 후에나 가져오기 일쑤다. 혹 손님들이라도 많아 음식점 안이 부산스럽다면 몇 번씩이나 얘기해야 손님의 요구에 귀 기울인다. 음식 맛이 소문이 났더라도 진부한 영업태도를 답습하는 집일수록 친절은 고사하고 더 무례하다. 그러한 음식점들의 사장님 표정을 보면 '음식만 맛있으면 됐지 무슨 상관이야.' 라고 생각하는 것 같다. 손님을 왕처럼 모시는 건 바라지도 않는다. 애초에 손님을 귀하게 여긴다는 느낌을 사장님이나 종업원에게 받을 수 없다. 그렇다면 음식 맛이 유명하지 않은, 영세한 음식점들은 어떻겠는가?

자신이 경영하는 음식점이 장사가 잘 되든 안 되든 손님들을 친절하게 대해야 한다는 생각은 누구나 가지고 있다. 문제는 그들 스스로 흉내만 내는 것에 그친다는 것이다. 그리고 대부분의 손님들 역시 방문한 음식점의 사장이나 종업원들이 자신에게 불친절하게 대해도 그다지 신경 쓰지 않는다는 것도 문제가 된다. 불친절함에 익숙해 더 이상 이상하다고 느끼지 못하는 것이다. 또 음식 맛이 유명한 집을 찾아 멀리에서부터 찾아와 먹는 것에만 만족할 뿐 그들의 불친절에는 별 거부 반응이 없는 사람들도 많다. 바로 이러한 문제들 때문에 음식점을 경영하는 사람들이나 그곳의 종업원들이 친절의 필요성을 못 느끼는 것이다.

무슨 일이든 처음 시작하면 두려움이 생기기 마련이다. 하물며 자신이 고안해낸 마케팅을 처음 시도했을 때의 그 두려움과 떨림이란!
'손님들이 어색해 하면 어쩌지, 이렇게까지 하지 않아도 되지 않을까, 남들 하는 대로만 하면 그래도 욕은 덜 먹을지 몰라.' 등등 안 해도 될 생각이 의지와는 상관없이 머릿속에 맴돈다. 하지만 이것은 모두 타의에 젖은 생각에서 비롯된 두려움일 뿐이다. 무엇이든 생각은 쉽지만 실천은 어렵다. 중요한 깃은 하겠다는 의지이다.

앞에서 이야기했듯이 젊을 때엔 못할 일이 없다. 기발한 아이디어를 통해 자신만의 마케팅 전략을 고안하라. 아무 생각 없이 찾아온 손님에게 인상을 남기려면 하다못해 그들을 피식 웃게라도 만들어야 한다. 널리 알려진 CM송을 개사해서 붙여놓든 유머러스한 이야기가 적힌 종이를 손님들의 시선이 닿는 곳에 써놓아서라도 손님들을 웃겨야 강한 인상을 남길 수 있다. 그게 바로 마케팅의 시작이다.

16 마케팅! 별것 아니다

내가 이용하는 세차장에서는 1주일에 1번 정도 휴대폰 문자를 보내온다. 기분 좋은 말들을 보내오기도 하고 휴일이나 공휴일에 영업을 한다는 공지사항도 보내온다. 나는 적이 놀라워하면서도 은근히 반갑고 기분이 좋다.

강남의 많은 손세차장을 가봤지만 이곳처럼 마케팅을 하는 곳이 없었다. 대부분 전통적인 방식으로, 어느 부분이 맘에 안 든다고 지적했을 때에야 비로소 딱딱한 태도로 다시 닦아준다. 물론 하나같이 '이 손님 참 까다롭네.' 하는 표정이 역력하다. 주유소 세차는 더 심하다. 외관 물기만 닦아주는 데도 설렁설렁 성의가 없다.

옷가게에 가서도 아무것도 사지 않고 나오면 손님된 입장에서 뭔가 찜찜할 때가 많다. 특히나 이 옷 저 옷 두세 번 입어보거나 옷을 펴보고도 맘에 들지 않아 그냥 나오면 점원들의 표정이 확연히 변한다. 심지어 어떤 점원들은 재수 없다는 말도 스스럼없이 한다.

휴대폰을 파는 가게에서는 판매하는 사람이 정작 기능에 대해 무지한 경우도 허다하다. 손님이 이런 저런 기능에 대해 질문이라도 하면 설명서에 다 있다는 식으로 둘러치는 것이다.

문방구에 가든 슈퍼마켓에 가든 내가 찾는 물건이 어디 있느냐고 물으면 "저 쪽에 있을 걸요."하고 불친절하고 수동적으로 응대한다.

도대체 서비스 마인드라고는 찾아볼 수 없는데 하물며 이미지 마케팅을 생각이나 하겠는가! 이미지 마케팅으로 크게 성공한 몇몇의 가게를 제외하면 그 가게의 규모와 상관없이 피차일반 불친절하고 수동적으로 손님들을 대한다. 그렇게 하는데도 물론 손님들은 오고 돈을 번다. 정확한 통계를 말할 순 없지만 한 해에 몇 만 개의 가게가 망하고 또 망한 가게와 별 차이가 없는 수준의 단장만 새로 한 가게가 생겨난다. 이러한 악순환은 장사를 하려는 사람들이나 그곳을 이용하는 손님들이 변하지 않으면 언제까지라도 반복될 것이다.

요즘은 식당이나 커피숍, 포장마차에서 주차를 할 수 있는 대신 1,000원이나 2,000원 정도의 돈을 손님에게 받는다. 바로 그것에서부터 마케팅 전략이 나올 수 있다. 주차를 하고 있는 동안 유리창이라도 깨끗하게 닦아주거나 단골손님이라면 차번호도 기억해서 '또 찾아주셨네요.', '감사합니다.', '차 잘 주차해 놓겠습니다.' 하는 등 친절하게 인사라도 한 마디 한다면 그곳을 드나드는 손님의 기분은 자연히 좋아질 것이다. 그 하나만으로도 단골손님 1명은 확보했다고 할 수 있다.

17 마케팅은 발상의 전환에서 시작된다

누누이 하는 이야기지만 다시 한 번 강조를 하면, 자신의 일에 집중하고 이미지 마케팅에 눈을 뜨면 스스로의 몸값을 올릴 수 있을 뿐만 아니라 성공도 보장받을 수 있다. 일단 사소한 것도 발상 자체를 전환하면 그것이 바로 새로운 마케팅 전략이 될 수 있다.

예를 들어 식당에서는 사탕을 카운터 앞에 비치해두곤 하는네 박하사탕이 대부분이며, 어떠한 구분도 없다. 그러면 손님들이 음식을 먹고 나갈 때 그것을 그저 하나씩 혹은 몇 개씩 집어갈 뿐이다. 사소한 것이지만 그것을 다른 방법으로 비치해보면 어떨까?

- 아이들이 좋아하는 사탕
- 젊은 세대가 좋아하는 사탕
- 기성세대들이 좋아하는 사탕
- 노인들이 좋아하는 사탕

4~5가지 사탕을 정갈하고 예쁜 통 속에 담아, 이름을 붙여 비치하는 것이다. 천편일률적으로 한 종류의 사탕이나 한 개의 통 속에 있는 사탕을 먹었던 손님들이 이름표가 붙어 있고 종류별로 다른 사탕을 직접 골라 먹으면 자연스레 재미를 느낄 것이고, 그 가게에 대한 좋은 이미지를 가질 수도 있다.

혹시 여러 종류의 사탕을 비치하면 더 많은 지출이 예상된다고 생각할지 모르겠지만 따지고 보면 손님들이 먹는 사탕의 양은 한정되어 있다. 간단하게 생각하면 박하사탕 5봉지 사둘 바엔 각각 다른 종류의 사탕 5봉지를 사라는 것이다. 어차피 지출되는 돈은 똑같다.

자, 여전히 마케팅을 어려운 것이라 생각하는가? 마케팅 전략은 전문가들만이 하는 것으로 보이는가 말이다.

마케팅은 발상의 전환에서 시작된다. 생각을 조금만 바꾸고 사소한 것이라도 주의 깊게 관찰해보라. 그러면 시야가 트일 뿐 아니라 그 폭 또한 넓어진다.

쉽게 말해 그동안 동쪽만 바라보고 있었다면 이젠 서쪽도 함께 보라는 것이다. 시야가 서쪽을 향하면 곧 남쪽과 북쪽도 함께 돌아볼 수 있게 된다는 말이다.

18 | 남들이 안하는 것을 하라

M상가는 특히 젊은이들이 많이 찾는 곳이다. 젊은이들은 지나가다 마음에 드는 옷을 발견하면 멈춰 서서 그것을 바라본다. 그러면 옷가게 사장님들이나 점원들은 그들에게 옷을 팔기 위해 온갖 방법을 동원하는 등 최선을 다한다.

하지만 가게를 찾는 손님들은 매우 다양하다. 금방 사는 사람, 몇 개를 휘저어 놓고 시간이 많이 걸리면서 하나도 안 사는 사람, 돈 주고 물건 사가면서 짐원한테 짜증내는 사람, 터무니없이 물건 값을 깎는 사람, 살 듯 말 듯 하면서 그냥 가는 사람 등 이루 말할 수도 없을 정도이다.

그런데 그 많은 종류의 손님들을 상대하면서 어느 가게나 앵무새처럼 반복하는 말이 있다.

"참 잘 어울려요."

이 옷을 걸쳐 봐노 서 옷을 만져 봐도 전부 잘 어울린단다.

가게 사장님 혹은 점원이 하는 말 한마디가 마케팅 전략이라는 사실을 아는가? 위와 같이 어느 가게에서나 들을 수 있는 말은 자신만의 마케팅이 아니다. 남들과 다른 차원의 것, 자신만의 이미지를 손님들에게 각인시키는 것이 우선이 되어야 한다.

누구나 하는 식으로 손님을 대하다 보면 어떤 날은 대만족할 만큼 장사가 잘 되고 어떤 날은 말하기 싫을 만큼 안 될 때도 많다. 자신의 사업을 시작했으면 온갖 아이디어를 동원해서라도 매출을 고정적으로 유지할 수 있는 방법을 찾아야 한다. 그래야 빚더미에 올라앉지 않으며, 탄탄하게 사업을 키워나갈 수 있는 것이다.

앞에서 언급한 O양의 옷가게의 경우 마케팅을 어떻게 했는지 한 번 살펴보자.

매출이 고정적이지 않다보니 O양과 그녀가 고용한 직원은 늘 스트레스에 시달렸다. 장사를 하는 사람들의 스트레스는 우리가 흔히 겪는 스트레스와는 비교가 되지 않을 정도라고 한다. 아니, 스트레스의 수준을 넘어 고통을 호소할 정도라고 하였다. 그러니 그녀들이 겪은 스트레스가 얼마나 극심했을까?

오직 매출만이 그녀들의 행복을 좌지우지했다. 그래서 자신만의 마케팅 전략을 고안해낼 생각은 애초에 하지도 못하고, 물건 하나 파는 데에만 치중하는 꼴이 된 것이다.

손님이 고른 옷이 도저히 치수가 맞지 않는데도, 스타일이나 색상이 안 어울려도 일단 팔고 본 것도 모두 매출액만 올리면 된다는 생각 때문이었다. 결국 뜨내기 장사에 치중한 꼴이 되고 말았다.

O양의 방식은 지금까지 기성세대들이 했던 그대로를 답습했다. 그렇게 배워왔기 때문에 아는 것 또한 그게 전부였을 것이다.

O양에게 필요했던 것은 배워온 대로 하는 것이 아니라 배워온 것을 토대로 한 자신만의 마케팅 전략이었다. 개업을 준비하는 동안 주변 상점의 동향을 파악한 뒤 이 많은 옷가게 가운데 어떤 옷가게로 만들 것인가, 어떤 스타일의 옷을 팔 것인가, 주변 옷가게들과 어떻게 차별화를 시킬 것인가를 고심했어야 했다. 남들이 하지 않는 것, 남들과 차별화된 것 그것을 고안해냈을 때에 비로소 그녀가 원한 고정적인 매출을 얻을 수 있는 것이다.

19 신뢰가 성공이다

"M 전체 직원 친절상은 우리가 차지할 것을 약속드리며 친절에 최선을 다하겠습니다. 또 우리 가게는 손님들이 사 가신 물건에 불편이 있을 시 교환은 1주일, 환불은 3일 이내에 처리해 드립니다."

손님들의 눈에 가장 띄는 곳에 이런 내용의 대자보를 붙여보는 건 어떨까? 또 가게 한 귀퉁이에는 예쁜 물 컵과 생수 몇 병, 사탕, 초콜릿 등을 손님들이 언제든 먹을 수 있도록 진열해두고, 단골손님에게는 작은 선물이라도 가끔 챙겨주는 것이다. 여기에서 그치지 않고, 손님들의 핸드폰 번호를 입력해서 '열 번에 한 번이라도 저희 옷을 입어주셔서 감사합니다. 행복하세요. ^^' 라는 문자 메시지를 꾸준히 보내본다.

이러한 방식의 이미지 마케팅을 통해 신뢰할 수 있는 가게로 만들어야 한다.

내가 O양에게 이에 대한 이야기를 했더니 수긍은 하면서도 실천은 하지 않았다. 특히 O양이 절대로 이해할 수도 없고, 이해하려고 하지도 않은 부분은 교환과 환불 문제였다.

"사장님 그런 가게는 있을 수도 없고 그렇게 한다 해도 금세 가게는 난장판 되고 말아요. 솔직히 환불 들어오면 얼마나 맥이 빠지는 줄 아세요? 기껏 물건 팔아 놨더니 돌려줘야 하고…."

너무나 지엽적인 그녀의 사고방식에 나는 그만 입을 다물고 말았다.

기성세대들처럼 부양해야 할 가족도 없고, 실패를 해도 재기할 수 있는 에너지가 있는 시기는 젊을 때뿐이다. 그러므로 돈만 좇기보다는 자신만의 이미지를 만들고, 믿음과 신뢰를 쌓아 더 크고 넓게 생각하도록 노력하라. 또 무엇을 하건 더 분석적이고, 전략적으로 하라. 그와 같은 효율적인 마케팅을 통해 손님들에게 신선함과 충격을 주면 이미 절반은 성공한 것이나 다름없다.

20 사람이 재산이다

우리는 살면서 가까이 있는 사람들을 잊어버리기 쉽다. 일을 같이 하는 사람에 대해서는 특히 그렇다.

손님들에게는 아까운 것 없이 잘 퍼주면서도 정작 함께 일하는 사람들에겐 매우 인색하다. 손님들에게 후한 것도 좋지만 자신이 챙기고 투자해야 할 사람은 일을 함께 해주는 직원들이라는 것을 모르는 것일까?

이것은 자신이 돈을 벌 수 있는 것이 단순히 손님들이 주는 돈 때문이라고 생각하는 것에서 비롯된다. 어떤 장사를 하든 함께 일하는 사람들에게 잘 대해줘야 성공한다는 간단한 이치를 깨우치지 못한 것이다.

경기가 나빠졌다고 해서 직원들에게 주는 월급을 아껴가며 운영을 하고 있지는 않은지 생각해보자. 그 돈 아깝다고 생각지 말고 그럴수록 그들에게 더 챙겨주고 함께 나누는 미덕을 가르친다면 그들은 자신의 숨은 능력까지도 발휘하게 된다.

바로 눈앞에 보이는 30만 원을 아낄 생각 말고 앞으로 그들이 창출해낼 가치를 생각하라. 직원들의 월급 또한 일종의 투자이다. 투자를 해야 이익을 얻는 것은 당연한 이치이다.

오래전부터 대기업이나 우수 기업에서 심심찮게 들을 수 있는 말이 인재등용이라는 말이다. 말 그대로 인재를 등용시키기 위해 그들은 갖가지 테스트를 직접하고 응시자들을 시험한다. 그런 과정을 통해 그 사람이 할 수 있는 일이 무엇인지를 파악하는 동시에 그 사람의 그릇도 함께 평가한다.

하지만 우리 주위의 가게들과 작은 기업들은 어떠한 모습으로 사람들을 고용하고 있는가? 너나 할 것 없이 '유경험자 우대, 초보자 가능'이라는 광고를 내놓고는 '이런 일 경험 있어요?'라는 질문 하나만으로 그 사람에 대한 평가를 끝내는 것이다. 우선 첫인상을 보고 대충 평가한 뒤, 특별한 결격 사유가 없는 한 일단 고용부터 하고 본다. 왜 작은 회사들이나 가게들에는 최고가 없을 것이라 생각하는지 의아하다. 대기업이나 우수 중소기업들처럼 인재를 알아보고 키워줘야 한다는 것을 왜 모르는가? 어디에나 최선을 다하는 최고들이 존재하기 마련이다.

어떤 일을 기획하고 시작하려고 계획을 세웠다면 그 분야의 최고들을 수소문해라. 그들에게 최고의 대우를 해주고 내 사람으로 만들어라. 최고인 그들에게 원래 계획했던 월급보다 더 얹어주는 것이 아깝다고 생각되는가?

그 돈을 한 번에 준다고 생각하면 부담되는 돈일지도 모른다. 하지만 여러분이 매일 쓰는 돈 중에서 만 원만 아끼면 충분히 가능한 돈이다. 그렇게 아끼는 만 원이 그 사람에게는 일할 의욕을 심어주고 회사에 이윤을 가져다준다.

어쩌면 처음 시작하는 동안은 적자신세를 면치 못하게 만들지도 모른다. 하지만 일은 한순간에만 하는 것이 아니다. 앞에서 언급한 대로 젊었을 때에는 돈을 벌고자 하는 목적보다 자신만의 이미지를 만드는 것이 더 중요하다. 돈에만 욕심을 내고 일을 시작한다면 그 일의 수명은 이미 짧다고 해도 과언이 아니다.

욕심을 버려라. 돈 욕심을 버리라는 것이다. 단, 여러분이 가지게 될 이미지에 대한 적금은 계속 부어야 할 것이다.

21 주머니를 열면 돈이 들어온다

주문받을 때 자세를 낮춰서 주문받고, 음식을 내갈 때 '맛있게 드십시오.' 하며 친절한 미소로 인사하고, 뭔가 불편한 게 없었는지 물으면서 음식과 함께 행복을 같이 준다고 생각해보자.

옷가게 입구에 '친절 또 친절', '우리에겐 손님이 왕'이라는 문구와 '교환뿐만 아니라 언제든 환불해줄 것을 약속합니다.'라는 광고판을 붙이든지 걸어라. 손님들은 다른 가게보다는 훨씬 편한 마음으로 여유 있게 물건을 살 것이고 혹시라도 잘 못 산 것 같다고 후회해도 환불 걱정을 하지 않아도 된다는 것에 부담을 덜 수 있을 것이다.

물론 이런 걱정을 할 것이란 것도 안다. 그렇게 바꿔주고 환불해주면 손님들이 새 옷을 입고 조금만 맘에 안들면 또 다시 바꾸려 할 것이고 그저 바꿔준다는 사실에 부담 없이 옷을 쉽게 구입하게 될 것이라고 말이다.

하지만 그것은 당장의 일만 신경 쓰는 꼴이다. 알면서도 바꿔줘라. 찜찜하다 여겨도 손님이 원하는 것을 만족시켜줄 때 비로소 그들은 가게의 노력을 알게 될 것이다. 그리고 가게의 수고를 덜어 주기 위해 더 신중한 소비를 하게 될 수도 있다. 가게 역시 좋은 물건으로 인정받기 위해 노력을 하게 될 것이다. 그런 믿음 속에서 그 가게의 브랜드는 이미 비싼 메이커 그 이상으로 취급되고 자연히 더 많이 선호하게 될 것이다. 이러한 마케팅 전략으로 당신은 큰 이미지를 손님들에게 얻을 것이고 얼마 지나지 않아 그 주변에서 주목받는 가게가 될 것이다.

그렇다. 손님들이 기성세대의 습관과 매상만 신경 쓰는 어색한 틈 바구니에서 여러분의 마케팅은 빛을 발할 것이다. 내 나름대로 조그만 예를 들었을 뿐이지만 더 많이 연구하고 시간 나는 대로 책도 읽고 이런 저런 방법을 모색해가면서 열심히 한다면 그는 이미 평범한 사람이 아니다.

얼마나 신나는 일인가? 자신이 발전하는 모습에 흡족하고 사장님에게 인정받으며 좋은 이미지와 훌륭한 재목감으로 성장할 것이다. 몸값 또한 예상하지 못하게 높아져 있을 것이다.

지금이 기회다. 기성세대들이 몰라서 못하고 습관 때문에 안하고 동료들은 그저 그렇게 배운 대로 남들과 똑같이 직장생활을 하고 일상을 살고 있을 때 여러분은 보다 쉽게 돋보일 수 있다. 돈을 많이 벌고 싶다고 말만 하지 말고 현재 성장할 수 있는 기회를 찾아라. 가능성은 얼마든지 많다.

22 이제 세계 속에 살아남자

세계는 이미 한 시장이 되어가고 있고 국가 간 특성을 살린 아웃소싱을 시작한지 꽤 오래됐다.

중국은 세계의 생산기지가 되어 가고 있고, 미국은 금융과 무기·항공산업으로, 인도는 소프트 산업과 선진국의 텔레마케팅을 대신하고, 브라질은 많은 자원, 중동은 여전히 막강한 산유국이며, 우리나라는 하이테크 산업과 반도체·생명공학 산업으로 발전해나갈 것이다.

세계의 유명한 경제학자들은 10년 후쯤 국가 간 아웃소싱이 완성되면 각 나라의 국민 70%는 경제난에 시달릴 거라고 예측한다. 그 예상이 사실이라면 우리나라의 10년 후는 깜깜하다.

우리나라의 생산 공장은 고임금과 토지 값 상승으로 생산 원가 자체가 경쟁이 안 된다. 그렇다면 우리나라가 비약적으로 발전하고 있는 IT·반도체·생명공학 산업으로 인구의 몇 퍼센트나 혜택을 입을 수 있을까? 그리고 혜택을 받지 못한 사람들은 어떻게 살아가게 되는 것인가? 미국 같은 초일류 강대국도 생활필수품을 생산하는 공장이 없어지면 국민의 65%는 개인 소득이 늘지 않을 것이라 예상하고 있다고 한다.

이런 상황에 도대체 우리가 찾아나서야 할 일자리는 무엇이 있겠는가? 지금 같은 상황이라면 우리나라에 생산 공장이 더더욱 없어질 것이고, 그렇게 되면 물류산업도 힘들어지고, 저가의 생활필수품까지 전부 수입품으로 대체될 것이다.

65%의 국민들이 소득이 늘지 않는 세상이 오면 국민의 소비력이 움츠러드는 것은 당연지사다. 몰매 맞을 소리 같지만 식당들은 반 이상 망해서 문을 닫아야 할 지경에 놓일 것이고, 제조업이나 온갖 서비스 업종도 절반은 문을 닫게 될 것이다. 어디 그것뿐인가? 특히나 서비스업의 타격은 소비재를 생산하는 제조업보다 더 클 것이다. 먹고 입을 것은 그야말로 생활필수품이기 때문에 그나마 소폭이라도 소비가 이루어질 수밖에 없다. 하지만 서비스업은 다르다. 경제가 어려울 때마다 국민들이 돈을 가장 아끼는 부분은 서비스업이다. 예를 들어 경기가 좋고 개인의 주머니에 돈이 많으면, 목욕탕에서 때 미는 것도 관리사에게 부탁한다. 외식을 할 때에도 조금 비싸더라도 분위기 좋고 맛있는 것을 먹는다. 하지만 경기가 나빠지면 허리띠를 졸라매기 때문에 되도록 스스로 해결하거나 다음으로 미루게 되는 것이다. 때문에 서비스업에 종사하는 많은 자영업자들은 큰 타격을 받을 수밖에 없다. 더 나아가 그들의 자녀들까지 어려운 경제상황에 고통

을 겪을 것이다.

나는 2년 전쯤 중국의 상품들이 얼마나 저렴한지, 질은 어떤지 호기심이 생겨 중국 심양의 우웨이 시장을 방문한 적이 있었다. 2박 3일 동안 둘러본 그 시장은 우리나라 동대문의 많은 상가들을 전부 합친 것보다 규모가 더 컸다. 큰 규모만큼이나 사람들 또한 무척 많았고, 물건 값은 터무니없을 만큼 저렴했다.

동행한 후배가 유난히 추위를 많이 타는 바람에 그곳에서 겨울옷을 구입했는데, 겨울 양복 1벌, 모직으로 된 까만 코트 1벌, 짧은 부츠까지 우리 돈으로 5만 5,000원밖에 들지 않았다.

또 한 번 놀란 것은, 내가 홈쇼핑에서 구입했던 물건 중에 사은품으로 받은 물건을 우웨이 시장에서 봤다는 것이다. 그 물건은 1만 5,000원 정도의 가격이라고 홈쇼핑 쇼호스트가 얘기했고, 실제로 시중에서 팔리는 가격 또한 1만 원 정도로 실제 가격과 별 차이가 나지 않았다. 그런데 우웨이 시장에서는 놀랍게도 200원에 팔리고 있는 것이었다.

나는 개인적으로 중국에서 헐값에 거래·임대되는 땅과 월급 2~5만 원 상당의 노동 인구는 중국의 경제력이 아무리 빠른 속도로 성장한다고 해도 쉽게 사라지지 않을 것이라는 생각을 한다. 또 인구가 얼마인가?

어떤 상가가 오픈하는 날, 그 상가 회장님이 여러 젊은 임대 사장님들 앞에서 우리 상가를 최고로 만들자면서 이야기를 하나 들려주었다. 우리나라의 대표적인 기업인 삼성에 대한 이야기였다.

삼성에 입사하기는 초일류 대학을 졸업한 사람에게도 하늘의 별따기라고 알려져 있다. 그렇게 힘든 곳에 갖은 노력을 다해서 입사를 했어도 편안한 내일이 보장된 것은 아니다. 왜냐하면 삼성의 수많은 임원과 인재들이 기가 막힌 프로그램을 만들어 그들이 정신 못 차릴 정도로 일을 시키고, 회사 밖에서까지도 심하게 부려먹기 때문이란다. 삼성이 존재하고 발전하고 있는 원동력도 모두 그것 때문이라는 종류의 이야기였다.

또 삼성의 직원이 직장생활 5년 후 퇴직을 한 뒤 자신의 사업을 시작하면 성공 확률이 높을 것 같지만 실제로는 그렇지 않다고도 했다. 왜냐하면 그들이 회사를 다닐 때엔 동료에게 뒤처지지 않기 위해 수없이 많은 노력을 하지만 결국 조직을 떠나면 간섭하는 사람도 견제할 동료도 없기 때문이라고 한다. 그만큼 정신력이 해이해진다는 이야기일 것이다.

상가 회장님은, 우리도 조직이나 다름없으니 간섭하는 사람이 없다고 안이하게 하지 말고 굳건한 정신력과 끊임없는 노력으로 최고의 상가를 만들자고 이야기 하였다.

회장님의 이야기가 사실이든 아니든 내 귀에는 젊은 사장님들이 한 눈 팔지 말고 장사에만 신경 써라, 자기 하는 일에 최선을 다해라, 하는 말로 들렸다.

앞에서 언급했지만, 성공할 사람은 남들과 같은 사고방식으로 살아선 안 된다. 점원이든 회사 말단 직원이든 젊은 사장님이든 주변에 간섭하는 사람이 없다고 자기 계발을 게을리 해서는 안 된다.

자기가 소속 돼 있는 일터에서든 자기 사업체에서든 끊임없이 자기를 성찰하고 자신과 싸워 이겨야 한다. 물론 쉬운 일은 아니다. 하지만 자신만의 인생을 성공적으로 꾸려나가려면 누구도 아닌 자기 자신을 개척하고 개발시키며 나태해지려는 자신을 극복해야 한다. 행복한 삶을 사는 주체는 누구도 아닌 바로 자기 자신이기 때문이다.

브릭스(BRICs)에 속한 브라질·러시아·인도·중국 이 네 나라의 젊은이들이 중년의 나이가 되면 세계를 지배한다고 한다. 현재 빠른 속도로 발전하고 있는 이 나라들의 언어를 습득하고 그들과 동화되어 생활해보라. 그런 와중에 알게 되는 그들 나라의 기술력과 안목 등을 자신의 재산으로 만들도록 노력하라. 그래서 세계 어디서든 활동하는 거상을 꿈꿔보라.

우리 조상들이 하와이 사탕수수밭에서, 독일의 탄광촌과 병원에서 게다가 중동 뜨거운 사막에서도 어떤 민족보다 근면하고 성실하여 그 실력을 인정받았을 뿐만 아니라 그 우수성까지 알렸다. 그러한 민족의 후예인 우리 젊은이들인데 겁날 게 무엇인가! 바로 지금부터 도전해보라!

이제 대학 입학을 앞둔 학생들은 세계의 흐름을 읽을 줄 아는 안목을 키워야 한다. 물론 자신의 전공 선택도 그 안목을 가지고 해야 할 것이다. 판사, 검사, 의사, 변호사, 한의사 등 여전히 고소득 전문직이 인기가 있지만 향후 몇 년 뒤에는 분명 이공계열이 눈부신 발전을 이룩할 것이다. 그러므로 당장 인기 있는 전공이나 직종을 벗어나 자신의 능력과 세계의 흐름을 접목시킬 수 있는 공부를 해야 한다.

최근에 모 신문에서 이런 기사가 발표된 적이 있었다. 우리나라의 IT · 생명과학이 경제를 지배할 것이라고 말이다. 그때에는 어쩌면 대통령도, 정치인도, 이공계열 출신들이 차지하지 않을까? 실제로 중국 등 몇몇 나라에는 이미 대통령이나 정치인들, 고위 공직자들이 이공계열 출신들이다.

세계로 뻗치는 글로벌 기업도, 우리나라의 삼성도 이공계열 출신들을 원하고 있다. 이미 곳곳에서 나타나는 추세가 CEO나 임원이 기술적인 부분을 모르고는 사업 자체가 힘들고 경쟁력 부분에서 뒤떨어질 수 있기 때문이다. CEO나 임원이 신제품에 대한 완벽한 지식 없이 어떻게 지시하고 마케팅을 해서 물건을 팔겠는가? 대통령도 경제전문가를 넘어 기술적인 부분을 알아야 나라를 효율적으로 운영할 수 있고 그렇게 했을 때 비로소 조선진국으로 만들 수 있지 않겠는가? 세계의 흐름을 잘 읽는 것이 관건이다.

나는 이렇게
이미지 마케팅을 했다

나는 20대에 사업을 시작했다. 처음 시작한 일은 건축 자재공구, 철물 도매를 파는 중간 도매였다. 그 이전에는 형님이 하는 도매상에서 창고 담당과 가게 점원 일을 하면서 경력을 쌓았다.

한 1년 정도 일을 하면서 느낀 건 형님 역시 특별한 마케팅이 없었고, 다른 기성세대들처럼 그 업종의 오랜 관습과 방법을 그대로 고수하였다. 나는 매일 같은 방법으로 일을 해야 하는 게 답답했다.

내 방식대로 장사를 하고 싶은 마음에 중고 화물차 1대를 구입했다. 거기에 100여 가지가 넘는 물건을 싣고 장사를 하기 시작했다. 처음 시작한 사업이었기 때문에 나는 무척 열심히 했고, 여러 가지 일을 겪으면서 많은 것을 깨달았다.

차츰 시간이 흐르고, 지칠 새도 없이 열심히 일을 하다 보니 어느새 하나 둘씩 단골집이 생기기 시작했다. 나는 계속해서 단골집을 늘

려가려는 목표가 있었기 때문에 나름대로의 이미지를 구축하는 것이 필요했다. 그래서 힘든 일도 마다하지 않고 단골집들의 잡일도 친절한 자세로 도왔다. 그 노력들이 성실하고 정직한 사람이란 인식을 심어주었는지 얼마 지나지 않아 많은 단골집 주인들에게 신임을 얻게 되었다. 그 뒤부터는 매상도 쑥쑥 올라갔다.

사실 화물차를 이용한 소매상 일은 참 고되고 힘든 일이다. 무거운 물건을 차에 올리고 내려야 하는 막노동에다가, 오라는 데도 없는 가게에 무작정 들어가 물건을 팔아야 하기 때문에 여간 힘든 일이 아니었다. 게다가 직접 운전하면서 수도권을 이리저리 돌아다니다보니 아침 6시부터 밤 12시까지 일을 해야 하는 등 육체적으로도 무척 고되었다. 통상적으로 이런 중간 도매업을 하는 사람들은 보통 1달에 20일 정도만 일을 하는데 그것도 이 일이 육체적으로나 정신적으로 너무 힘들기 때문이었다.

하지만 나는 처음부터 이 일은 1년만 할 생각이었다. 그렇게 번 돈으로 가게를 얻어 도매상을 하겠다는 계획을 가시고 있었기에 하루도 쉬시 않고 장사를 했다. 비가 오는 날은 평상시에 밀려있던 주문품을 배달하고 신정과 구정만 빼고는 1년 365일을 일만했다. 몸살을 몇 번이나 앓았고, 아침에 일어나려면 양 어깨를 누가 짓누르는 것 같이 아팠다. 하지만 정신력으로 버티고 일어나 쉬지 않고 일을 했다.

그리고 12평 가게에 철물 도매업을 준비하고 조촐하게 개업식도 하였다. 나는 시작하는 단계였기 때문에 자본금이 1,200만 원, 물건도 100여 개 종류밖에 취급할 수 없었다. 경력이 수십 년씩 되는 사람들과 넓은 창고를 몇 개씩이나 가지고 있고, 물건 종류도 다양한 사람들에 비하면 매우 궁색한 것이 사실이었다. 하지만 나는 자신감에 차 있었기 때문에 두려울 게 없었다. 그런 나를 본 어느 분이,

"다른 사람들은 널 어떻게 보든 몇 년 후에 넌 내 경쟁자가 될 거다."

라고 말씀해주셨다. 조금 어리둥절했지만, '나의 부지런함과 성실함을 보아주셨구나.' 하는 생각에 고맙고 더욱 용기가 생겼다.

도매업은 소규모 출판사와 대형서점의 거래방식과 같다. 도매상에 물건을 납품하는 것처럼 수많은 조그만 공장들이 물건을 납품하고 먼저 납품한 물건 값을 수금해가는 형태였다. 일종의 위탁판매라고 할 수 있다. 그래서 조그마한 공장들이 난립해 있다보니 도매상 사장님들의 위세는 높을 수밖에 없었다. 체계도 없었고 수금도 "저녁에 오지?"하면 급한 상황에서도 어쩔 수 없이 그 말에 따라야 했다.

나는 형님 일을 도운 1년, 중간 도매업을 한 1년 그렇게 2년 동안 '내가 도매상을 하면 저런 식의 장사는 하지 않겠다.'고 생각한 적이 많았다. 그래서 나만의 방식대로 마케팅을 시작할 수 있었다. 나는 모든 것을 바꿔보고 싶었다. 예를 들면, 다른 모든 도매상들이 손님한테는 커피도 대접하고 식사도 함께 했지만 물건을 납품하는 그 조그마한 공장 사장님들한테는 커피 대접은커녕 물건을 팔아준다는 위세로 그들을 대접하지 않는 것이었다.

나는 틈새를 파고들었고, 이미지 마케팅을 시작했다. 손님도 중요

했지만 공장 사장님들을 더 우선시 했다. 우리 가게에 물건을 납품하는 사장님이 오면 물건 파는 것도 멈추고 "조금만 기다려 주십시오. 저분은 제가 빨리 수금을 해주어야 재료를 사서 공장직원들에게 일을 시킬 수 있습니다." 라며 정중하게 양해를 구했다. 그리고 화물차에서 물건도 같이 내리고 결제도 현금으로 했더니 그분들이 참으로 좋아하셨다. 나중에 들은 말이지만, 그들은 도매상에서 대접받는 게 좋았고 빨리 가서 제품을 만들 수 있어서 더 좋았다고 했다.

도매상에는 물건이 빨리 떨어져서 어떤 물건이든 2~3일에 한 번은 물건을 들여야 한다. 그 때문에 그분들을 자주 만날 수밖에 없었다. 2달쯤 지나자 공장 사장님들끼리 소문이 나고 어느 새 내 가게는 그분들의 사랑방이 되어 버렸다.

그동안은 도매상에서 '저녁에 수금하러 오세요.' 하는 날에는 어디 마땅히 갈 데도 없었는데, 우리 가게가 생긴 뒤부터는 그분들이 편히 찾을 곳이 생겼다고 좋아하셨다. 그분들이 우리 가게를 많이 찾는 어떤 날은 가게 하루 이익금보다 더 많은 다방 커피 값과 식내가 지출된 적노 있었다.

나는 그분들을 모두 '형님'이라고 부르며 친절히 대했고, 위탁구매도 하지 않았으며, 정확한 현금 결제를 했다. 내가 선택한 이미지 마케팅은 바로 이것이었다. 물론 그것은 대성공이었다.

나의 이미지 마케팅으로 인해 다른 도매상에 비해 나는 10~20%씩 싸게 물건을 구입할 수 있었고, 가끔 대형 도매상에도 없는 구하기 힘든 물건도 나는 구할 수 있었다. 그러자 6개월도 지나지 않아,

직원을 2명 정도 더 충원했으며, 다른 도매상이 300만 원을 팔아야 남는 이익금을 그 반도 안 되는 매상으로도 얻을 수 있었다.

그래서 31살이 되자, 창고도 생겼고, 가게도 3칸이나 더 확장했으며, 공장도 2개나 운영할 수 있었다. 그러자 가게 매상이 1,000만 원, 2,000만 원까지 올랐다. 결국 나는 우리 업종 매출액 1위를 달성할 수 있었으며, 내 소문은 제주도에까지 알려졌다. 내 가게 상호는 모르는 사람이 없을 정도였다. 내가 어린 나이에 큰 규모로 사업을 확장하자 어떤 사람들은 내 나이를 믿지 않으려 했다.

나의 경우는 이미지 마케팅으로 성공한 하나의 케이스일 뿐이다. 이 책에는 주로 장사하는 사람의 이야기를 다뤘지만, 그것은 회사에서 시키는 대로 일하는 것보다는 혼자 스스로 개척해야 하는 사업이 훨씬 성공하기 어렵기 때문이다.

직장생활을 하는 많은 젊은이들은 자신이 하는 일도 나름대로 힘들다고 하겠지만 무엇이든 자기가 맡은 일은 자기 사업을 할 때처럼 해야 한다.

좋은 이미지, 부지런함, 신뢰도 등 어떤 방법으로든 성공한 사람은 그 능력을 인정받아 주목받는 사람이 될 것이다.

누구나 처음 일을 시작하면 일하는 능력은 거기서 거기다. 하지만 시간이 지날수록 부지런하고 성실히 일한 사람과 그렇지 않은 사람의 결과는 엄청난 차이가 있다. 나이가 들수록 그 격차는 더욱 커진다.

사람들은 성공을 꼭 대단한 사람들만이 하는 것처럼 생각한다. 그러나 그것은 오해이다. 바로 앞에서 말한 대로 어떤 사고방식과 어떤 자세를 가지고 하루를 사느냐에 따라 성공이 결정된다. 쉽게 생각하면 간단하다.

家族

일생을 사는동안 행복을 원하는 것은 햇볕을 갈구하는 것과 같다.
당신의 인생에 햇볕을 계속 비추고 싶다면 행복해지도록 노력하라.
행복은 가까이에, 가족 안에 있다.

01 행복하기 위한 결혼을 해라

요즘 젊은이들은 보통 20대 후반 또는 30대 초반에 결혼한다. 그리고 모두들, '집을 사들이든지 아님 전셋집이라도 꼭 준비해야 해.', '남들보다는 더 폼 나게 예물도 주고받는 화려한 결혼식을 하고 싶다.'는 등의 생각을 한다. 하지만 그것은 생각뿐이고 현실을 고려하면 그렇지 않다. 결국 어떤 조건에서 결혼하든 스트레스는 다 받는다는 결론이 나온다.

그러다보니 서로에게 상처를 주기도 받기도 한다. 스트레스는 여성들이 더 많이 받는다. 예를 들어, 교제 중에 몇 번을 봤든 시댁 식구들과 한 식구로 잘 지낼 수 있을지, 정든 식구들과 떨어져 잘 살 수 있을지도 걱정된다. 또 '네 신랑감 잘생겼니? 키는 커? 능력은 있는 사람이야? 시댁은 잘 사는 집이니?' 이런 걸 묻는 친구들이나 친척들에게 때론 자랑스럽게 대답하기도 하고 그 말에 스트레스를 받기도 한다. 또 돈의 규모에 맞춰 장만해야 하는 살림살이 등등 모든 것이 스트레스이다.

예비부부들은 막상 결혼식을 마치면 '마침내 해냈구나.' 하는 심정으로 마음이 좀 편안해지지만 기대한 신혼여행이 그리 달콤하지만은 않다. 내색 안 하고 즐겁게 보이기는 하지만 결혼식을 준비하는 과정에서 서로에게 조금이라도 상처를 받았기 때문이다. 그동안 무리를 한 부분도 있고 주위 친구나 모두에게 자존심 상한 부분도 있다. 이제 현실 삶으로 다시 돌아오면서 최소한 6개월은 자기 남자친구 자랑을 하며 은근히 비교하는 친구들에게 스트레스를 받기도 하고 내키지 않는 사람들을 집들이에 초대해야 하는 등 온갖 성가신 일을 겪어야 할 것이다. 때로는 사람들의 입방아에 오르내리고 화가 날 때도 있을 것이다.

02 행복은 다듬어야 한다

젊었을 때에는 대부분 경험이 없기 때문에 결혼 전이나 결혼 후에도 일부 쓸데없는 것에 흥분도 하고 휩쓸리기도 한다.

결혼해서 애도 낳고 2년 쯤 후엔, 결혼 전에 스트레스를 주던 거의 대부분의 것들이 관심 밖으로 사라진다. 대신 그 관심은 오직 돈에 몰린다. 어느 친구가 집을 샀다느니 생일에 뭐 받았느니 결혼기념일에 우리는 해외여행 갔다 왔다느니 등등 이제 돈으로부터 기인한 스트레스를 받기 시작한다. 이것은 여유가 있는 집이든 여유가 없는 집이든 마찬가지이다. 결혼 후 10년까지는 이런 것들에 휩쓸려 마음 상하는 일이 많다.

새로운 시작부터 모든 것을 갖춘 채 시작하면 자잘한 행복을 얻기 어렵다. 행복은 천 만금을 줘도 못 산다는 말이 있다. 그러므로 우선 행복을 느낄 줄 알아야 하고 행복을 유지하기 위해 노력해야 한다.

아이가 생기기 전부터 행복해 있어야 아이들이 태어난 후에도 함께 행복할 수 있다. 아이들이 느끼지 못할 것 같지만 말 못하는 신생아 때부터 행복의 기운을 느낀다고 나는 생각한다.

사랑은 유효기간이 있다. 사랑으로 연애를 해서 결혼까지 했다면 그 후부터는 사랑으로 키운 믿음, 신뢰, 배려, 희생 등의 마음으로 행복을 만들고 이어나가며 유지해야 한다.

사람은 누구나 행복할 권리가 있다. 하지만 그 행복을 일찍부터 가꾸지 않고, 또 당장의 행복보다 나중의 행복이 더 중요하다는 생각 때문에 놓치는 것이 많다. 집 사는 것, 애들 교육비 등등 때문에 돈을 많이 버는 것에만 급급하면 행복을 느끼는 법도 모르게 된다.

권력, 돈 등을 남과 비교하면서 유지하는 삶. 물론 그렇게 해야만 행복한 가족도 사람도 있을 수 있다. 하지만 그게 진정한 행복일까?

결혼을 하면 우선 행복을 가꾸는 법에 대해 공부하라. 예민하게 굴지 말고 남과 비교하지도 말고 사소한 일들에 행복을 느끼는 법을 깨우쳐라. 어떤 사람에게든 행복한 사람들은 눈에 띄게 마련이다. 그러면 자연 입방아도 찧지 않고 조심한다.

가화만사성(家和萬事成)이란 말도 있지 않은가? 가정에서 행복하면 밖에서 하는 일에 의욕도 생기고, 의욕이 생기면 일도 잘 된다. 그러면 돈이야 자연스레 들어오는 것이다. 모든 것은 가정의 행복에서 시작한다. 행복을 가꾸고 다듬어야 성공한 사람이 될 수 있다.

03 웃음을 가진 아이가 행복하다

갓 결혼한 신혼부부들은 자신들의 아이를 예쁘고 멋있게, 또 공부 잘하는 아이로 키우자고 다짐하곤 한다. 그래서 열심히 돈을 모으고 아이의 말문이 트임과 동시에 아기 방에 숫자를 붙여놓기 바쁘다.

아이가 3살만 되어도, 영어를 지금 시작해야 되나, 먼저 결혼한 선배들은 아이에게 어떤 것부터 가르쳤나, 영어만 해도 되는 것일까 등등 아이 교육에 대한 온갖 정보를 읽기 위해 총력진을 벌인다.

그렇게 얻은 정보를 가지고 아이가 4~5살이 되면 여유 있는 집은 유명학원을 찾아 나서고, 그렇지 못한 사람들은 학습지든 학원이든 자기 생활에 맞춰 아이에게 최대한 많은 것을 가르치려고 한다.

이러다보니 아이들 문제로 부부싸움이 잦아지고 싸움이 잦아지면 당연히 사는 것에 대한 회의가 느껴지기도 한다. 아이도 이미 본능적으로 부모님의 그런 상황을 느끼기 때문에 정서적으로 좋은 영향을 받지 못하게 된다. 그 영향을 여기서 다 말할 순 없겠지만 단편적으로 말을 하자면, 아이가 예민해질 수도 있고, 떼를 쓰거나 버릇없이 굴 수도 있다. 부모님은 다시 또 그런 아이의 버릇을 바로잡으려다 아이에게 자주 화를 내고… 이런 악순환은 계속된다. 아이가 훌륭한 사람으로 커주길 바라는 마음에서 시작한 모든 것들이 결국 아이의 행복 아니 그 가족의 행복을 빼앗을 수도 있다는 말이다.

아이를 키우는 것도 주위 사람들에게 휩쓸리지 말아야 한다. 중요한 것은 주위 사람이 아니라 내 아이의 행복이다. 항상 방긋방긋 웃는 아이, 예의바르고 이웃들에게 인사도 잘 하는, 밝고 명랑한 아이로 자라도록 부모는 도와주면 된다. 아이 스스로 행복이 무엇인지 느낄 수 있도록 그래서 돈이 많은 아이들을 부러워하지 않게 하는 것이 바로 부모가 할 일이다.

자, 부모가 된다는 것이 쉬운 일이겠는가? 또 가족 전체를 위한 행복을 얻는 것은? 어떤 것도 쉽지 않다. 그러므로 젊은이들은 자신이 꾸려나갈 미래의 가족들과 행복한 삶을 살기 위해서는 틈틈이 공부를 해야 한다. 좋은 부모가 되기 위해, 아이의 올바른 교육을 위해, 행복한 부부관계를 위해, 노후준비를 위해 꾸준히 고민하고 준비해야 한다.

04 아이와 끊임없이 대화하라

내가 아는 고향 여자후배가 아이들을 훌륭하게 키워 주위 사람들의 부러움을 한몸에 받았던 이야기를 소개해보겠다.

그녀는 슬하에 1녀 1남을 두었다. 아이들이 3살이 되기 전부터 뭘 사달라고 떼를 쓰면 아이와 대화를 시작했다. 마치 구연동화를 하듯이 아이가 고집을 그만 풀 때까지 사달라는 것을 사줄 수 없는 엄마의 상황을 아이에게 천천히 납득시키는 것이었다.

물론 한 번에 아이를 포기시킬 수는 없었다. 하지만 그녀는 포기하지 않고 아이와 이야기를 했다. 그렇게 시간이 흐르자 아이는 서서히 자신의 고집을 꺾기 시작했다. 그녀의 상황을 이해했는지, 웃으면서 "엄마, 알았어요." 하고 그녀의 말을 잘 따랐다.

그녀의 딸은 5살 무렵부터 피아노 학원을 다니기 시작했다. 중산층 이상의 재력이 있으면서도 그녀는 딸애의 피아노를 바로 사주지 않았다. 어느 날 딸애가 그녀에게 말했다.

"엄마, 우리 집은 피아노 언제 사요?"

"응, 네가 진짜 피아노 치는 걸 좋아하게 되면 엄마가 바로 사줄게."

"알았어요, 엄마."

시간이 지나 딸애가 다니는 피아노 학원 선생님이 그녀에게 "아이가 예의도 바르고 다른 아이들처럼 떼쓰는 것도 없고 웃고 있어서 보고만 있어도 기분이 좋아져요."라고 말하는 것이었다.

"아직 특별한 재능은 모르겠지만 다른 애들보다 집중력을 많이 가지고 해요."

"애가 어쩜 저렇게 밝고 의젓해요? 저는 저런 아이 처음 봤어요."

"선생님, 우리 아이 어렸을 때는 떼쓰고 울고 대단했어요. 몇 번은 이런 적도 있어요. 길을 가다 뭘 사달라고 떼를 쓰길래 제가 안 된다고 설명했는데도 땅에 주저앉아 울면서 심하게 떼를 쓰는 거예요. 제가 잠시 생각했죠. 한 번이라도 애 버릇을 받아주면 안 되겠다 싶어서 창피하지만 제가 더 우는 연기를 했어요. 그래서 아이가 크게 울면 전 더 크게 울고 양 발을 땅에 비비면서 울었어요. 주위 사람들이 지나가면서 무슨 큰일이나 난 것처럼 다 쳐다봤어요. 처음에는 정말 창피한데도 에라 모르겠다 싶어서 제가 정말 심하게 더 울고 몸부림을 치니까 우리 아이가 절 멍하니 보고 있더라구요. 그래서 조금 더 했죠. 그랬더니 저보고 '엄마, 제가 잘못했어요, 울지마세요.' 그러면서 저를 진정시켜 주더라구요."

심지어 둘째 아이를 키울 때에는 아이가 식당에서 같은 또래 아이하고 떠들고 뛰어다니면서 시끄럽게 하자, 그녀도 밥 먹는 걸 포기하고 아이와 이야기를 계속 한 적도 있다.

용감하고 지혜로운 엄마 덕분에 두 아이는 아기 때부터 항상 밝고 건강하게 자랐다. 자연히 온가족의 얼굴엔 항상 웃음이 넘쳤고, 주위 사람들에게 아이들이 예의도 바르고 순해서 참 예쁘다는 칭찬을 많이 들었다.

아이와 같은 눈높이에서 끊임없이 대화하라. 행복은 이렇게 사소한 데서 시작한다. 그리고 끊임없는 노력으로 가꾸어야 빛이 난다.

05 | 행복한 얼굴을 가지려면

　내가 15년째 단골로 다니는 음식점이 있다. 15년 전 처음 그곳에 갔을 때 주인여자의 나이가 35세쯤으로 보였다. 키도 165cm 이상은 돼 보였고, 귀티도 나는 것이 환하게 웃는 얼굴을 볼 때마다 내 기분까지 좋아졌다. 종업원들도 다 밝아보였다. 그래서 나도 모르게 발길이 자주 닿았다.

　10년 정도 지났을 즈음엔 주인여자의 아름답던 모습이 조금씩 변하기 시작했다. 조금씩 살이 붙었고 무엇보다 예전만큼 잘 웃지 않아서인지 행복해 보이지 않는 것이었다.

　웬일인가 해서 친한 종업원에게 물어보니, "웬걸요. 사장님 돈 많이 버셨는걸요."라고 하는 게 아닌가? 상식적으로 돈을 많이 벌면 행복한 얼굴을 하고 있어야 하는데, 그녀의 얼굴은 도무지 행복과는 거리가 멀었다. 그리고 종업원들도 자주 바뀌다보니 오랜 단골인 나의 경우, 왠지 낯선 기분마저 느껴졌다.

크게 신경을 쓰지는 않았지만 그러한 변화들의 이유가 못내 궁금했다. 그러던 중 1년 전쯤 내 의문이 풀렸다.

그곳에서 일하던 한 종업원은 손님들에게 매우 싹싹하게 대했고 그래서인지 그녀를 찾는 손님들도 많았다. 그런데 그녀가 갑자기 식당을 그만둔다는 것이었다. 나는 궁금해서 그녀에게 그만두는 이유를 물었더니 그녀의 말이 가관이었다. 종업원의 월급이 오를 때가 되면 주인여자가 해당 종업원을 그만두게 한다는 것이 아닌가?

그 애길 들은 후 그 집에 갈 때마다 주인여자를 관찰하곤 했는데 내가 선입견을 가지고 보는 게 아닌가 할 정도로 종업원들에게 권위적이었다. 뿐만 아니라 사소한 일로 짜증도 자주 내고, 종업원들을 감시하는 시간이 많아졌다.

15년 전 그 주인여자가 식당을 처음 시작했을 때보다 돈을 많이 벌었을지 모르지만, 그녀의 얼굴은 행복해 보이던 그때보다 훨씬 못하다. 오히려 얼굴 가득 욕심만 덕지덕지 붙어 있었다.

나이가 들면 자신의 얼굴에 책임을 져야 한다는 말이 있다. 온후한 인상으로 늙어가는 사람과 괴팍한 인상으로 늙어가는 사람은 그 삶의 내용 또한 마찬가지라는 말이다. 노년에 행복한 얼굴을 하고 싶다면 지금부터 행복한 삶을 살도록 노력하라.

06 부자라고 해서 행복한 것은 아니다

우연히 알게 된 한 할머니는 거의 1,000억대나 되는 재산을 가지고 있는 엄청난 부자였다. 할머니가 가진 강남의 땅값이 지금은 거의 300억 가까이 될 만큼 치솟았다. 게다가 할머니가 운영하는 식당에서 약 100m 정도 떨어진 곳에 있는 큰 건물도 할머니 소유라고 들었다. 그렇게 엄청난 재산가들은 행복할까 하여 나는 할머니가 운영하는 식당에 갈 때마다 할머니와 그 식구들을 세심히 관찰하곤 했다.

할머니의 가족들은 할머니의 남편인 할아버지와 아들 둘이 전부인데 가족 모두가 식당에 나와서 종업원들과 함께 일을 하고 있었다.

연세가 거의 80세에 가까운 할아버지는 젊었을 적부터 할머니의 애간장을 많이 태웠다는 말에 고개를 끄덕일 정도로 세련된 분이었다. 반면 할머니는 뚱뚱한데다가 차림새도 후줄근했다. 아들들도 부잣집 아들이라고는 보이지 않을 정도로 옷차림이 검소했다.

그런데 이상하게도 직원들이 잘 웃질 않았다. 의아해하던 중 몸이 안 좋으셨는지 아님 자식들에게 물려주신 건지, 할머니를 1년 가까이 식당에서 볼 수 없었다. 그러다 어느 날인가부터 두 아들이 다시 안 보였고, 그들 대신 할아버지와 할머니가 번갈아 계산대에 앉아 계셨다.

식당에 다시 나온 할머니 표정이 한층 굳어져 있었다. 성격이 무난하신 편이었는데 종업원들한테 짜증도 자주 내서 그런지 더욱 심통스러워 보였다. 나는 궁금증을 참을 수 없어 친한 종업원에게 물었다.

"요즘 할머니한테 무슨 나쁜 일 생겼어요?"

"아들들이 가게 매상에 조금씩 손 댄다고 가게에 얼씬도 못하게 하고 할머니가 이렇게 가게를 지키고 계신다니까요. 요새 찬바람이 쌩쌩 불어요."

음식점을 나오면서 나도 모르게 쓴 웃음이 나왔다.

도대체 누가 더 불쌍한 삶을 사는 것일까? 몸도 안 좋은데 아들이 매상의 일부를 가로챌까봐(은어로 표현하면 '삥땅') 지키는 할머니일까? 나이 40살이나 되어서도 부모님 돈이나 가로채려 하는 아들들일까?

내 잣대로 비난할 생각은 없지만 그들에게 행복은 멀어 보였다. 돈이란 버는 것도 중요하지만 잘 쓰는 것도 중요하다. 가족 간에 의심하고 불신하는 그들을 보며, 부모가 자식들에게 물려주어야 하는 것은 많은 재산이 아니라 자신의 인생을 꾸려나갈 수 있는 지혜가 아닌

가 생각해 보았다. 차라리 그들의 부모가 부자가 아니었다면 자기들
나름대로 열심히 노력하면서 자신만의 인생을 살았을 것이고 거기에
서 더 많은 행복을 느끼지 않았을까 하는 생각이 든다.

07 사람마다 행복의 잣대는 다르다

동업을 8개월 정도 같이 한 친구와 우리 집 이야기를 해볼까 한다. 10년도 더 지난 이야기다.

나는 원래 놀기 좋아하고 낙천적인 성격이었는데, 30살 때부터 큰 사업을 하게 되어 자연스럽게 세심해지고 예민해졌다. 그래도 가족과 함께 있을 때는 편안하고 행복하길 바랐기 때문에 아이들하고 장난도 많이 치면서 항상 즐겁게 살았다. 반드시 큰 부자가 되겠다는 생각보다 어떻게 하면 더 행복할 수 있을까가 내게는 중요했다.

세월이 지났어도 우리 가족들은 예전과 마찬가지로 즐겁고 행복하다. 아이들과 같이 장난치고 농담하며 사는 것이 자연스럽게 몸에 배었고 아내와도 대화를 꾸준히 하기 때문이다. 심지어는 TV에서 하는 개그 프로그램을 보고 아이들과 서로 흉내내면서 평가해주기도 한다. 우리 가족의 행복은 바로 여기서 나온다. 사랑하는 아이들과 아내가 즐거워하고 사랑하는 남편이 즐거워하는 게 좋아서 더 웃을 수 있는 아이디어도 만들게 되는 등 사소하지만 가족들의 행복을 위한 작은 노력들을 각자가 하기 때문이다. 이러한 삶 자체가 행복이고 사랑이다.

동업을 했던 친구는 몸에 좋지 않다고 하는 것은 술이며 담배, 심지어 콜라까지 안 하고 안 먹는다. 게다가 그의 별명은 '오천 원'이었다. 사장의 위치에 있었지만 5,000원 이상은 가지고 다니지도 않았을 뿐더러 근검절약이 지나치다 못해 아예 자기에게나 가족에게마저 매우 인색했다.

한번은 친구 부인이 날 찾아온 적이 있었다. 아이들이 셋이나 되는데 1주일에 10만 원밖에 안준다, 월 100만 원이라도 좋으니 회사에서 고정적으로 통장에 돈을 보내줬으면 좋겠다고 하소연을 하는 것이었다. 돈 탈 때 스트레스 좀 안 받았으면 소원이 없겠다는 말도 덧붙였다.

지금 그 친구는 강남에서도 명당자리에 100억대가 넘는 건물을 가지고 있다. 하지만 그 친구가 재산을 늘리는 방식은, 융자금으로 건물을 사고 해당 건물의 융자금을 다 갚고 나서 돈이 모이면 다른 건물을 무리해서라도 또 사고, 다시 또 융자금을 갚는 식이다. 그 친구는 아마 그런 방식을 80살, 100살이 될 때까지 반복할 것이라는 것에 주위 사람들의 의견이 같았다.

지금도 가끔 그 친구는 나를 찾는다. '돈 좀 있으면 빌려줘.' 언제나 다급한 목소리이다. 그러면 나는 '건물주가 누군데 약 올리려고 돈 빌려달라고 하나?' 라고 응수하면, 항상 자신은 돈이 없다는 푸념만 늘어놓는다. 돈이 없다는 그 친구의 말은 사실일 것이다. 건물주가 될 정도로 부자가 되었지만 더 큰 욕심 때문에 항상 돈을 많이 빌려서 언제나 돈이 없을 수밖에 없다.

흔히 자수성가한 사람들의 삶이 이렇다. 이 친구는 부자이지만 늘 돈이 없다. 하지만 자신이 이룩한 것들로 자기 성취감을 얻으며 행복을 느낀다. 그 과정에서 남한테 상처도 많이 주었겠지만 따지고 보면 그를 부러워하는 사람이 많은 것도 사실이다. 어떤 것이 행복인지는 누가 정해주는 것이 아니다. 행복의 잣대는 사람마다 다르기 때문이다. 그러므로 진짜 행복이 무엇인지 느낄 줄 알고 볼 줄 아는 마음과 혜안이 필요하다.

08 | 사람을 보는 눈을 키워라

여자들의 경우 결혼상대자를 결정할 때 자신의 부모님이나 가족들한테 잘한다는 것만으로 선택하는 것은 경계해야 한다. 다음의 사례를 보자.

28살이지만 일찍부터 일을 시작해 경제적으로 안정된 희진이(가명)는 인터넷 동호회에서 같은 또래의 남자를 만나 사귀게 되었다. 그를 좋아하긴 했지만 결혼까진 생각하지 않았는데 그가 희진의 동생들 생일까지 챙기는 등 가족들에게 너무나 잘하는 걸 보면서 차츰 생각이 변했다. 게다가 가족들도 그를 무척이나 좋아하다보니 희진이 평소에 가지고 있던 결혼상대자에 대한 기준이 흔들리면서 엉겁결에 결혼을 하기로 약속해버린 것이었다.

희진의 결혼 준비를 하면서 부모님은 희진이 결혼해서 살 집을 마련해주고 명의는 그와 공동 소유로 했다. 결혼 날짜를 정하고 나서 남자의 엄마가 유방암을 앓고 있다는 것을 알게 되었다. 희진은, 결혼이 미루어지면서 1년 남짓을 서울과 춘천을 오가며 그의 어머니를 간호했다. 그는 직장생활을 이유로 병원을 자주 찾지 않았다.

더 놀라운 사실은 희진이 장래 시어머니 될 사람을 병간호할 동안에 그는 다른 여자를 만나고 있었다는 것이다. 그제서야 희진은 정신이 번쩍 들었다. 희진뿐만 아니라 희진의 부모님마저 큰 상처를 입고 말았다.

앞서 얘기한 경우는 조금 심한 이야기로 들릴지 모르지만, 효자·효녀일수록 나보다 가족들에게 잘하면 된다고 생각하는 이들이 많기 때문에 한 번쯤은 경험했을 가능성은 있다.

결혼을 확신할 정도의 사람은 아니었는데, 가족한테 너무 잘한다 싶으면 평소 의문을 가지고 있던 경제력과 장래성 같은 것들이 후한 점수로 바뀌고 만다. 그리고 모든 것을 냉정하게 보지 않고 둥글둥글하게 그저 좋은 것이 좋다는 식으로 생삭이 바뀌는 것이다. 이렇게 되면 결국 낭패를 보는 것은 바로 자신이다.

또한 능력만 있으면 다 된다 싶어 남자친구 능력에 조금이라도 보탬이 되고자 자신의 돈을 보태거나 카드 대출까지 받아 주는 경우가 종종 있다. 가족들이나 친구들을 의식해 남자친구의 능력을 빨리 키우고 싶어 서두르지만 그런 행동은 결국 남자친구는 물론이고 자신마저 해치는 위험한 일이 된다는 것을 명심하자.

09 결혼은 신중하게 해라

앞서 언급한 삼성동 음식점이나 할머니의 경우만 보더라도 돈은 모으면 모을수록 욕심만 커지고 근심만 생긴다는 것을 알 수 있었다. 만족을 모르는 부자보다는 가난하더라도 가족끼리 단란하고 서로 배려해주며 사는 이들이 훨씬 행복하다는 생각이 들었다.

20대 들이여, 아직도 '돈벌면 다 행복해 진다' 고 생각하는가? 인생의 우선순위를 굳이 따지자면 자신의 행복이며, 가족의 행복이다. 서로 상처 되는 애길 안 하려 노력하고, 화가 나도 대화로 풀고, 뭐든 농담하고, 어떻게 하면 상대를 웃길까 연구하면서 살다보면 항상 가족들과 웃는 게 습관이 된다.

'어떻게 하면 내 아내, 내 남편을 기분 좋게 웃게 만들까?' 를 늘 연구하고 노력해보자. 습관이 되면 일하다가도 아이디어가 떠오르고 혼자 피식 웃게 된다. 그런 사소한 습관이 가족을 행복하게 만들고 아이들에겐 웃음을 심어준다.

'그럴 여유와 시간이 어딨어.'라고 생각하지 말자. 지하철에서 조는 시간에, 화장실에서 볼 일 보는 동안 등등 틈틈이 생각해보라. 가족이 행복하면 일이 더 잘 풀린다. 항상 행복한 얼굴을 가지면 대인관계도 훨씬 좋아질 것이다.

나는 젊은 친구들하고 어울리는 것을 좋아한다. 그들이 쓰는 유행어도 똑같이 쓰고, 그들이 보는 TV 개그 프로그램도 꼭 챙겨본다. 그래서 내 나름의 농담과 장난을 하며 그들과 즐긴다. 그러다보니 서로 애인 자랑도 하고 싸운 얘기도 듣는다. 그럴 때마다 나는 물어본다.

"네 애인은 너를 잘 웃기는 편이니? 같이 있으면 항상 행복하니? 냉정하게 생각해봐. 결혼하고 5년쯤 지냈을 때도 재미있을 것 같니?"

대답들은 다 다르다. 어떤 친구는 '현재는 다 이뻐.', 또 다른 친구는 '다 좋은데 말이 없고 과묵해.' 등등 여러 가지 대답을 한다. 그런데 그들의 대답은 하나같이 현재 상대방에 대한 느낌뿐이다. 그런 친구들에게 나는 이렇게 말하곤 한다.

"1년 아니 몇 년을 만났다 하더라도 결혼만큼은 신중해야 돼."

사람들은 조그만 사업을 시작하면서는 요리조리 안 따지는 게 없고 욕심내지 않는 게 없으면서 정작 신중하게 시작하고 욕심을 내야 할 결혼은 왜 대충대충 해치우려는지 모르겠나. 사업과 결혼을 비교하는 것은 좀 무리가 있지만 사실 결혼은 매우 신중함을 요하는 평생의 큰일이므로 더 심사숙고할 필요가 있는 것이라고 생각한다.

많은 이들이 친구들이나 부모님이 객관적인 입장에서 볼 때 애인의 성격, 습관, 성실성 등을 지적하며 나중에 문제 될 것 같다고 충고해주면 귓등으로 흘려듣는다. 조금 진지하게 생각하다가도 '정도 들만큼 들었고 이 정도면 됐지, 뭐.' 그러면서 스스로의 선택을 합리화시킨다. 결혼 후 불행하면 본인도 힘들지만, 서로 잘못된 선택 때문에 아이들마저도 불행할 수도 있다는 사실을 왜 모르는가?

'성실한지는 꼭 봐야 되고 돈도 많아야 해.' '능력은 조금 부족해도 취미가 비슷하면 좋겠어.' '나는 지적인 사람이 좋아.' '내가 술을 좋아하니까 술 못 먹는 사람은 절대사절이야.' '난 안정된 공무원이 좋아.' 이렇게 취향이나 바람은 제각각이지만 공통적인 것은 모두 행복하게 살고 싶다는 것이다. 그러기 위해 가장 중요한 것은 서로 성격이 잘 맞느냐 하는 것이라고 나는 생각한다.

사람은 오래 만나도 편안해야 한다. 자신의 성격이 급하면, 자신을 조정해가며 리드해주는 상대가 필요하다. 예를 들어, 나의 급한 성격도 나의 부족한 부분도 잘 넘어가고 편안함을 느끼는 상대가 있다면 그것은 서로 성격이 잘 맞는 것이다. 그런 사람들은 아마 이렇게 말할 것이다.

"몇 년을 만나도 싸울 일이 없어. 뭐든 열심히 하려 하고 남들이 뭐라 해도 다 이뻐 보이고 멋있어 보여. 손가락, 발가락, 머리카락까지도 다 이쁘다니깐. 또 얼마나 나를 재미있게 해주는지 몰라."

이상형도 무시할 순 없지만 오래 만나도 항상 즐겁다면 그 사람이 가장 좋은 배필이 아닐까? 인생은 길고 많은 시간을 반려자와 함께 보내야 한다. 재미있는 사람과 편안하게 사는 게 행복이 아닐까?

10 나라의 경제력과 행복은 반비례한다

나는 외국으로 여행을 가든 사업차 가든 그 나라에서 사람이 제일 많은 곳으로 먼저 간다. 그리고 2시간이 넘도록 길바닥에 신문지를 깔고 앉아서 그 나라 사람들을 관찰한다. 각 나라마다 사람들의 생김새는 다르지만 그 사람들의 이미지도 느끼고, 옷 입는 스타일도 보면서 몇 시간을 보내는 것이다. 그러다보면 무언가 내 머릿속에 남는 게 있다. 가슴으로 느끼는 것도 있다.

일본의 도쿄나 신주쿠 지하철역에서 3시간 동안 보고 느낀 것은 아무리 우리하고 다른 민족이지만 여자들은 정말 못생겼다는 것이다. 사람들의 옷도 너무 평범하고 걸음도 매우 빠르다. 얼굴은 대부분 무표정하고, 많은 사람이 왕래하는데도 너무 조용하다.

생각하기 나름이지만 나는 그 사람들의 성대가 고장난 것처럼 보였고, 조금 심한 표현을 쓰자면 소름이 돋았다. 과연 저 사람들이 집에 가서 장난도 치고 크게 웃으며 재미있게 살지 의심스러웠던 것이다. 일본은 내가 다녀본 나라들 중에서 우리나라와 제일 가깝지만 가장 판이하게 달랐다.

인도라는 나라는 거리도 지저분하고 사람들의 생활도 매우 가난해 보였지만 하나같이 행복한 표정들이었다.

중국의 수도 북경에 있는 명동이라는 거리를 여러 번 다니면서 느낀 건 여자들이 참 날씬하다는 것이다. 우리나라 여자들처럼 다이어트 한다고 식사를 줄이고 운동에 매진하지도 않는 것 같았지만 모두 날씬했고 희망찬 표정에 자신감도 묻어났다. 게다가 사람들이 모두 왁자지껄 크게 떠들며 걷는 모습을 보고, '이 나라에도 행복한 얼굴을 가진 사람들이 참 많구나.' 라는 생각이 들었으며, 그 나라의 밝은 기운을 느낄 수 있었다.

외국에서도 부자 나라보다는 가난한 나라에서 행복한 얼굴을 더 많이 만날 수 있었다.

11 현재의 행복에 만족하라

중산층보다는 부자인 한 여대생의 이야기이다.

그녀는 25살에 대학을 졸업하고도 딱히 뭘 하고 싶어 하지도 않았고 그리 행복해 보이지도 않았다. 어렸을 때부터 주위 친구들에 비해 하고 싶은 건 다 하고 갖고 싶었던 건 다 가져봤다. 대학에 와서도 유명 브랜드의 옷만 입었고, 또래들이 분식 먹을 때 호텔 뷔페에서 식사하던 친구였다. 보통 친구들은 어쩌다 한 번 여유가 있을 때 밥을 샀지만 그 친구는 함께 밥을 먹을 때마다 친구들의 음식 값도 척척 지불했다. 잘난 척이라기보다는 이미 생활 속에 묻어나는 자연스런 소비였다. 그녀의 그런 씀씀이는 너무 자연스러웠고, 그런 면에서 많은 친구들의 부러움의 대상이 되었다.

그녀는 친구들 사이에서 인심 좋기로 유명했지만 항상 행복하지 않다고 말했다. 재밌는 일도, 하고픈 일도 없다며 인생에 즐거움이 없다는 말을 버릇처럼 했다.

그녀는 이미 많은 혜택을 받으면서도 스스로 삶의 즐거움을 찾지 못했기 때문에 회의를 느끼고 있었던 것이 아니었을까?

친구들이 돈이 많아 잘 쓰는 그녀를 부러워할 때 그녀는 오히려 힘들어도 꿈을 가지고 살아가는 친구들을 부러워하고 있었던 것이다.

행복이란 이처럼 상대적인 것이다.

우리 주변에서 부족함 없이 모두 가졌다고 생각하는 사람도 스스로를 불행하다고 여기는 경우가 있다. 그것은 곧 사람들이 현재의 삶에 만족을 하지 못하기 때문이다. 그렇기 때문에 사람은 현재의 행복에 만족할 줄도 알아야 한다. 그것은 현재의 삶에 안주하라는 것이 아니라 더 큰 꿈은 가지되 현재 자신이 가진 것에도 만족할 줄 알아야 한다는 것이다.

12 | 현재의 행복에 만족하는 사람이 앞으로의 행복에 감사한다

삶 속에서 찾아보면 행복은 너무 많다. 꼭 갖고 싶은 물건을 샀을 때, 선물 받았을 때, 멋진 애인과 데이트할 때, 먹고 싶은 음식을 먹을 때, 작고 예쁜 머리핀을 하나 살 때도, 친구하고 우정이 넘칠 때도, 기분 좋게 술 마시고 취했을 때, 결혼을 했다면 아이가 100점 받았을 때, 아이의 재능을 발견했을 때 등등 우리가 느낄 수 있는 일상의 행복은 수없이 많다.

사람들은 사는 동안 주변 사람들과 비교해가면서 행복과 불행을 생각한다. 잘 알지도 못하면서 눈에 보이는 것 즉, 돈으로 쉽게 행복한 삶과 불행한 삶에 대해 평가를 내린다는 말이다. '저렇게 돈이 많은 사람은 얼마나 행복할까?, 저렇게 좋은 집에서 사는 사람은?, 저렇게 좋은 차를 타고 다니는 사람은 얼마나 행복할까?' 하고 생각하는 것이다. 하지만 앞서 말한 바와 같이 돈과 행복은 별 상관이 없다.

인생을 오래 살다보면 행복한 얼굴이 눈에 보이기 시작한다. 시골 동네들을 여행해보라. 투박한 시골 노부부들을 보면 오랫동안 함께하면서 쌓인 신뢰와 정으로 서로 아껴주며 사는 모습 때문인지 흔히 볼 수 없는 행복한 얼굴들이다.

식당 종업원으로 일하는 아주머니들 중에서도 어떤 사람은 예쁘지만 행복해 보이지 않고, 못생겼어도 행복한 표정 때문에 아름다워 보이는 사람도 있다.

젊은이들이여, 남에게도 항상 친절하고 조금이라도 그들에게 즐거움을 줄 수 있다면 이미 행복이 무엇인지 알기 시작한 것이다.

'10억을 벌면 나는 가난한 사람한테 베풀 수도 있고 가족을 행복하게 해줄 거야.'

돈 벌기 전에는 많은 사람들이 이렇게 생각한다. 하지만 10억을 막상 벌면 마음이 달라진다. 처음보다 더 많은 욕심을 내기 마련이다. 그러므로 초심을 잃지 않는 것이 중요하다. 베풀고 나누는 행복을 알았을 때, 자신의 얼굴에도 진정한 행복이 어린다.

13 행복과 돈은 불가분의 관계이다

　지금까지 돈이 있다고 해서 모두들 행복한 것은 아니라고 얘기했다. 이것을 뒤집어 생각해보면 돈이 없어도 행복하면 그만이지 않느냐고 생각할 수도 있다. 하지만 그것은 어디까지나 어느 정도의 경제적인 여유가 뒷받침되고 행복을 위한 준비를 하는 사람들에게 적용되는 말이다. 결국 행복을 위한 노력과 경제적인 능력이 잘 조화를 이뤘을 때에야 비로소 완벽한 행복을 누릴 수 있는 것이다.

　가족 모두가 행복한 삶을 영위하는 데 돈은 필수요소이다. 오히려 가치관을 이미 정립한 기성세대들보다 가치관을 형성중인 젊은이들이 행복과 돈은 불가분의 관계라고 여길 것이다. 지금 당장 하고 싶은 것들, 갖고 싶은 것들에 대한 욕심, 그리고 미래에 대한 끊임없는 불안들을 돈으로 해결할 수 있다고 생각하고 실제로도 가능하기 때문이다.

앞서 여러 번 강조했듯이 젊었을 때에는 열심히 일을 해서 돈을 차곡차곡 모아야 한다. 언제나 주머니가 텅텅 비어있는 사람은 사소한 일까지 스스로 해결할 수 없는 상황을 만들게 되고, 그것이 반복되면 심약해지고 지치게 된다. 인생을 포기한 단계에 다다르면 극단적인 심정이 되어 패륜적인 범죄를 저지르거나 자살까지 하게 된다.

다시 말하지만, 돈이 행복의 절대조건은 아니다. 그러나 불가분의 관계인 것은 사실이다. 하지만 돈만 좇지 않고 돈을 모으려면 돈에 대한 자신의 주관을 가지고 올바른 소비습관을 길러야 한다. 이것이 행복과 돈 모두를 얻을 수 있는 방법이다.

14 성공을 하려면 '맥'을 잡아라

무엇이든 남과 똑같으면 원하는 만큼 얻지 못한다. 치밀하게 준비하되 일에 대한 '맥'을 잘 짚어야 한다. 우리 주위에 부지런히 사는 사람들은 정말 많지만 그들 중 대부분은 늘 헉헉댄다. 그 이유는 하루하루 별다른 계획도 없고, 창조적인 용기도 없이 수동적인 자세로 살면서 그저 부지런만 하기 때문이다.

공부를 잘하는 학생이나 돈을 잘 버는 사람의 공통점은 '맥'을 잘 짚는다는 것이다. 바로 흐름을 읽을 줄 안다는 말이다. 공부든 돈을 버는 일이든 흐름을 읽으면 보다 쉽게 할 수 있다.

길거리 낙엽을 치우는 구청 청소부 아저씨들을 보면, 어떤 사람은 하루 종일 빗자루질만으로 겨우겨우 일을 마무리하는데 자신만의 노하우를 가진 사람은 일하는 시간을 단축한다. 그래서 오히려 다른 사람을 도와주거나 편안히 자기 시간을 즐기기도 한다.

　건축 일을 하는 사람들 중에도 자신만의 효율적인 방법을 일찍 알아낸 사람들은 모찌꼬미(하루 동안 해야 할 분량의 일)를 맡아 반나절만에 해치운다. 그래서 미장일(벽이나 방바닥에 시멘트 바르는 일)을 하는 기술자나 벽돌 쌓는 기술자 옆에서 그 일을 배우고자 도와주면서 능력을 키운다.

　결국 무슨 일을 하든 그 일을 효율적으로 할 수 있는 방법, 즉 일에 대한 핵심을 파악하려는 노력과 습관이 중요하다. 그 능력을 키우다 보면 돈과 능력은 자연히 따라 올 것이다.

15 올바른 소비습관이 행복의 시작이다

잘못된 소비습관을 올바로 고치는 것은 매우 어렵다. 하지만 아이러니하게도 소비습관은 돈을 모으기 시작하면 자연스럽게 고쳐진다. 통장에 돈이 쌓이는 걸 보면서 느끼는 소소한 즐거움이 원동력이 되어 비로소 그동안의 소비습관을 바꿀 수 있게 되고, 무계획적인 일상에서 벗어날 수 있는 것이다.

사회초년생들이 사실 사회에 첫 발을 내딛었을 때 바로 저축을 시작하긴 하지만 많지 않은 금액이기 때문에 저축액은 좀처럼 불어나지 않는다. 그래서 저축을 하는 것에 회의를 느낄 수도 있다. 그러나 독한 마음으로 돈을 모아야 한다. 100만 원이 넘어가고 500만 원, 1,000만 원이 넘어가면서부터는 스스로도 놀라울 정도로 소비습관이 변하게 된다. 예를 들어 항상 택시를 이용하던 사람도 자신의 통장에 돈이 모이는 걸 보게 되면 한 푼이라도 모으려는 마음에 버스나 지하철을 이용하게 된다는 말이다.

　마지막으로 자신이 그날그날 지출한 내역을 꼼꼼하게 기록하게 되면 자연스레 씀씀이를 줄이게 된다. 가계부를 쓰는 것이 쉬운 일은 아니지만 그것 또한 습관을 들여라. 그러면 어느 순간에는 올바른 소비습관을 가질 수 있고 자신감도 얻을 수 있다. 바로 거기가 행복이 시작되는 지점이다.

16 아이를 진정으로 사랑하는 법이 무엇인지 고민하라

내 친한 친구의 이야기를 해보겠다.

그는 동대문 상가에서 일하다 만난 여자와 결혼했다. 그의 아내는 디자인을 전공을 하진 않았지만, 나름대로 재능이 있어서인지 능력을 인정받는 디자이너였다.

그들 부부는 C타운 1.5평짜리 가게에서 장사를 시작했다. 하지만 5년, 10년이 지나면서부터 가게가 5개로 늘어났으며 제품공장까지 직접 운영할 만큼 사업의 규모가 커졌다.

자연히 돈도 많이 벌었고, 나중엔 C타운 상가 회장까지 맡게 되었다. 원래도 친구가 많아 바빴으나 상가 회장직까지 맡다 보니 말할 수 없이 바쁜 날들의 연속이었다. 그의 아내 또한 점포와 공장 운영을 겸해야 했으므로 그들 부부는 정작 아이들을 돌볼 시간은 없었다.

그들 부부의 두 아이는 집에서 일하시는 가정부 할머니와 보내는 시간이 많을 수밖에 없었다. 잘 돌봐주지도 못하고 함께 놀아주지도 못한다는 미안함 때문에 그들 부부는 아이들에게 무엇이든 다 해주었다. 좋은 옷에 맛있는 음식은 물론 사달라는 건 뭐든 최고급으로 사줬다.

확실히 그들 부부의 아이들은 또래들보다 훨씬 풍족하게 살았다. 그 때문인지 아이들은 그들 부부에게 불만을 가지지 않았다.

그들 부부는 더 이상 바랄 게 없었다. 재산도 점점 늘어나고, 주위에 언제나 함께 할 사람도 많고, 아이들도 행복해 하는 생활을 하고 있는데 무엇을 더 바라겠는가?

이렇듯 누가 봐도 부러움의 대상이었던 이상적인 가정에도 고비는 찾아왔다. 더 이상 행복할 수 없었던 그 가정에 불행이 찾아올 것이라고는 어느 누구도 상상하지 못했다.

그들 부부는 건축과 다른 사업에 손을 대기 시작하면서 부도를 맞고 일파만파 그동안 모은 재산을 전부 잃고 말았다. 환경이 어려워지다 보니 집안에는 소소한 문제가 끊임없이 생겼다. 시간이 갈수록 해결될 기미가 보이기는커녕 헤어나올 수 없는 나락으로 빠지는 것 같았다.

가장 큰 문제는 아이들의 소비습관이었다. 어렸을 때부터 씀씀이가 헤펐던 아이들의 소비습관 때문인지 돈에 대한 개념이 전혀 없었다. 딸이 국제전화를 사용했는데 그 요금이 400만 원이나 나올 정도였다.

나는 그가 재기를 위해 큰 사업을 준비하고 있던 중 만난 적이 있다. 여러 이야기를 하다가도 아이들 이야기가 나오면 그는 눈물을 글썽였다. 그러면서 말하는 것이었다.

"우리 아이들 이렇게 힘들게 살아본 적이 없는데… 안쓰러워 죽겠어. 이번 사업만 성공하면 해달라는 건 정말 다 해줄 거야."

남의 가정생활에 대해 말하기가 조심스러웠지만 그에게는 충고가 절실하다는 생각에 한마디 하였다.

"사업이 성공하여 다시 예전처럼 살게 된다고 해도 네가 아이들을 사랑하는 방법이 변하지 않으면 너희 가족은 절대로 행복해지지 못할 거야. 지금 딸애의 씀씀이만 봐도 그래. 예전에 길들여진 습관 때문에 너도 아이들도 모두 힘들어 하지 않니? 알다시피 습관은 한 번 들이면 고치기가 정말 어려운 거야. 그런데 아이들의 소비습관을 올바르게 고쳐줄 생각은 하지 않고 다시 풍족해지기만 바라는 거니? 재산이 늘어난다 해도 아이들의 소비습관을 고치지 않으면 언제나 똑같아. 극단적으로 말하면 자식에게 사랑을 준다는 것이 독을 먹이는 것과 같은 거라구!"

내 친구 부부처럼 맞벌이하는 부부는 우리 주위에 많다. 직장을 다니는 맞벌이 부부들의 경우는 퇴근시간도 일정하고 매달 일정한 금액이 들어오기 때문에 안정적이어서 아이들에게도 나름대로 신경을 많이 쓸 수 있다. 하지만 자영업자 맞벌이 부부는 앞서 언급한 내 친구 부부와 거의 비슷하다.

신혼부부들이 꼭 알아야 할 것은 돈 모으는 데만 혈안이 되어서는 안 된다는 것이다. 돈만 많으면 아이들을 잘 키울 수 있을 것 같지만 꼭 그렇지는 않다. 아이들에 대한 사랑과 올바른 교육이 있을 때에 훌륭히 키워낼 수 있는 것이다. 돈으로 아이를 키우는 것은 그만큼 아이의 경쟁력을 약화시키는 것이라고 할 수 있다.

직장생활과 사업을 성공적으로 하려면 좋은 아이디어와 마케팅 전략이 있어야 하듯이 아이들을 잘 키우는 것 또한 많은 고민과 준비가 필요하다.

앞서 언급한 고향 여자후배의 아이들은 가끔 친구들에게 이렇게 얘기한다고 한다.

"우리 집은 꽤 부유한 것 같은데 나는 항상 가난하게 자랐어."

한번은 그녀의 딸애가 학교 친구들과 여행가는 데 필요한 회비를 7만 원씩 내고 "엄마! 나 용돈 얼마 줄 거야?"하고 물어서 "3만 원 줄게." 했더니 20실이 넘은 그녀의 딸애가 "아싸, 아싸!" 김단사를 연발하면서 그렇게 좋아할 수가 없더라는 것이었다.

무엇이든 들어주고 희생하는 것이 아이를 위하는 길이라 착각하면 안 된다. 아이를 어떻게 키울지 면밀히 계획을 세워야 함은 물론 아이를 진정으로 위하는 일이 무엇인지 늘 고민해야 한다. 그래야만 아이는 물론이고 그 부모들 또한 행복할 수 있다.

17 효도란 자식에게 하는 것이 아니라 부모님에게 하는 것이다

부모님이 자식을 사랑하는 것은 너무 당연한 것이라고 누구나 생각할 것이다. 하지만 평소 생활하면서, 자식에 대한 부모님의 사랑에 대해 어느 누가 진지하게 생각할까? 갑작스럽게 힘든 상황에 접했을 때야 비로소 부모님의 큰 사랑을 느끼고 깨닫게 된다.

기성세대들이 전쟁터와 다름없는 이 사회에서 최선을 다해, 능력 이상으로 일하는 이유는 물론 자식들의 뒷바라지를 위해서이다. 그런데도 자식들은 '왜 우리 부모님은 다른 부모님만큼 능력이 없나? 왜 저렇게 술을 마시면서 사시나?' 등등 부모님에 대해 많은 불만을 가지고 있다. 심지어는 부모님의 경제적인 능력에 따라 사랑의 척도까지 재는 한심한 젊은이들도 있다고 하니 통탄할 노릇이 아닐 수 없다.

생각해보라. 자신이 학교 다니며 입시준비를 하고, 친구들과 어울려 다니는 동안 부모님은 어떤 생활을 하셨는지를…. 아마 부모님이 하루하루 어떤 희로애락을 느끼며 사셨는지 쉽게 떠오르지 않을 것이다. 눈에 보이는 게 전부는 아니다. 늘 일하시는 부모님으로만 보일지 모르지만, 당신들도 사람인데 얼마나 힘들고 어려운 일이 많았을지 생각해본 적이 있는가? 한집에 살았지만 따로 생활했다고 해도 과언이 아니다.

부모님은 슈퍼맨이 아니다. 언제나 한결같을 수도 없고, 언제나 당당할 수도, 굳건할 수도 없다. 친구들 중에 끈기 있는 친구, 부지런한 친구, 쉽게 포기하는 친구, 박식한 친구, 야망 있는 친구, 남을 쉽게 믿는 친구 등 여러 종류가 있듯 부모님의 성향도 제각각이다. 그러므로 내 부모님의 성향을 파악하고 그동안 어떤 힘든 고통을 겪었고 어떤 삶을 사셨는지 조금이라도 알아보려는 노력을 하자.

아버지가 혹시 나에게 실망한 적은 없으셨는지, 천성이 착하셔서 남에게 속임을 당하시진 않는지, 험하고 야비한 사회에서 상처를 받으시지 않았는지 등등 넓고 깊게 부모님을 생각하자. 지금부터라도 이렇게 부모님의 삶에 관심을 가지고 이해하려 노력한다면 어느새 인생을 바라보는 자신의 시선이 달라진 것을 느끼게 될 것이다.

또한 효도란 자식에게 하는 것이 아니라 부모님에게 하는 것인데 이 명백한 사실을 모르는 사람들이 많다.

부모님들은 점점 노쇠해지고 인생을 마감하는 순간이 다가오면 외로워진다. 인생의 막바지에 실낱같은 희망을 얻으려 종교에 귀의한 사람들도 많다. 하지만 이 종교마저도 사람을 구분하고 비교하는 경우가 있다. 희망을 원했으나 외로움만 느낄 뿐이다.

선진국에서 자연재해로 인한 사망자의 수가 수십에서 수백 명에 이르면 전 세계의 외신들이 이를 보고하고 그만큼 많은 사람들이 그들의 죽음에 애도를 표한다. 그러나 아프리카나 동남아시아 등 후진국에서 그와 같은 자연재해 때문에 수천 명이 사망해도 선진국에서만큼 보도에 열을 올리지 않고, 그만큼 애도를 표하지도 않는다.

사회도 마찬가지이다. 유명인이나 부자가 죽으면 뉴스가 되지만, 사건사고가 아닌 바에야 일반인의 죽음은 경시되는 경향이 있다. 이기주의와 개인주의가 만연한 사회이기 때문에 더더욱 타인에 대한 관심이 없다. 그래서 옆집에 할아버지 할머니가 사는지조차 모르며 당연히 그들의 안부 따윈 아무도 궁금해 하지 않는다. 자식들이라도 부모님의 외로움을 덜어 주어야 한다. 효도는 특별히 거창한 것이 아니다. 부모님을 외롭지 않게 보살펴드리는 것 자체가 이미 효도이다. 지금부터라도 당장 시작하라.

생각해보면 효도를 하기 위한 노력은 자신의 인생을 변화시킬 수 있는 기회이기도 하다. 부모님에게 효도하기 위해 스스로 열심히 살 것이고, 자기 맡은 바 일을 열심히 하면 성공이야 저절로 따라온다. 긍정은 또다른 긍정을 낳고, 희망은 또 다른 희망을 낳는다. 좋은 일을 하고자 하면 좋은 것을 얻게 되는 이치이다. 그 모습은 자신이 키우는 아이들에게도 자연스럽게 스며들어 착하고 올바르게 자라는 데 큰 도움이 될 것이다.

18 자식 교육은 쉬운 게 아니다

"우리 아이가 달라졌어요."라는 TV 프로그램을 본 적이 있다. 아이들의 나쁜 습관과 부모의 잘못된 교육방식을 고쳐나가는 프로그램으로, 잘못된 자식사랑이 결국 어떤 결과를 초래하는지 여실히 보여주고 있다. 많은 부모들이 이 프로그램을 보고 자신이 자식에게 사랑을 표현하는 방식과 교육방식에 대해 성찰하고 경각심을 갖게 해주고 있어 니에게 좋은 인상을 준다.

프로그램을 보면서 내내 안타까웠던 것은 먹고 살기 바빠 아이들을 잘 돌보지 못해서, 또 부모 스스로에게 내재된 나쁜 습관들로 인해 아이의 교육방식 자체가 잘못된 경우였다. 조금만 신경 썼다면 완연히 다른 가정생활을 했을 텐데 싶어 안타까웠다.

여러 번 강조하지만 아이들의 성적보다 행복이 중요하다. 이제 막 부모가 되면 누구나 아이에 대한 사랑이 넘쳐 아이가 무엇을 하든 예쁘게만 보인다. 심지어 식탁 예절이나 인사 예절이 바르지 않아도 자기 자식이면 그저 귀엽고 사랑스럽다. 흔히들 예절을 바르게 익히는 것보다 공부 잘 하는 아이가 되는 것이 더 중요하다고 생각하고 있다. 이것은 잘못된 것이다. 아이를 객관적인 입장에서 바라보면서 인성교육을 제대로 시켜야 한다. 공부는 그 다음에 해도 늦지 않는다.

일단 아기 때부터 나쁜 습관을 갖지 않도록 최선을 다해야 한다. 부모와 아이가 모두 행복하게 되면 아이들이 정서적으로 안정감을 느끼고 공부에 더 집중할 수 있다는 사실을 잊지 말자.

17~18세기 경 유럽의 명문가에서는 아이가 2~3세만 되면 아이를 교환하여 서로의 아이들에게 예절을 가르치고 교육을 시켰다고 한다. 그 방법을 통해 명문가의 자존심을 지켜나갔다고 한다. 물론 쉽지 않았을 것이다. 사랑해 마지 않는 아이와 10년 이상을 떨어져 있어야 하는 부모의 마음이 얼마나 쓰렸을까? 하지만 아이를 예절바르게 키우기 위해 희생한 것이다. 그만큼 사랑하는 자식을 교육시킨다는 게 어렵다.

‘그녀’들의 행복을 위해

여러 가지 여건으로 인해 헤어 나올 수 없는
힘든 인생을 사는 이들이 바로 화류계 여자들이다.
하지만 그녀들도 행복해질 권리는 있다.

나는 일반인들과는 거리가 먼 직업을 가진 20대 유흥업소 아가씨들에 대하여 많은 안타까움을 느끼고 있었다. 그들은 20대를 너무 쉽게 보내버리려 한다. 게다가 늘 정신적 · 물질적인 것에 시달리고 있다. 바로 그런 점에 대해 인생의 선배로서 조그만 도움이라도 줄 수 있지 않을까 하는 마음에 그들의 이야기를 쓰고자 하는 것이다.

원치 않는 상황에 처해 있다면 그 상황을 스스로 떨쳐버릴 수 있도록 용기를 주고, 피할 수 없는 상황이라면 여러 가지 방법을 제시하여 좀 더 효율적으로 그 상황을 타개할 수 있도록 최대한 도움을 주고 싶다.

우리나라의 유흥업소 종사자들, 흔히 '룸살롱 · 창녀촌 · 안마시술소 · 클럽 · 보도 · 출장스포츠 마사지 · 티켓다방 아가씨'라 불리는 그들은 최하 50~70만 명 정도이고, 일본에 진출해 있는 숫자만도 어림잡아 5만 명 쯤으로 추산될 만큼 대단한 규모이다. 호주, 캐나다 심지어 미국에까지 진출해 있다.

문제는 유흥업소 종사자들이 이 정도로 많다는 것에 있는 것이 아니라, 매년 2~3만 명씩 늘어나고 있다는 사실이다. 대부분 10대 후반과 20대 초반으로 아직 이성적 사고가 확립조차 되지 않은 상태이다. 여러 가지 사정에 의해 그 세계에 발을 들여놓게 되었겠지만, 스스로에 대한 고민과 성찰 없이 충동적으로 발을 들여놓는 경우가 많다. 굳이 이제 막 시작하려는 이들이 아니더라도 유흥업소에 종사한 적이 있거나 학생 신분으로 유흥업소에 들어오는 많은 20대 여성 또는 20대 남자 웨이터들에게 그것이 얼마나 잘못된 선택인지 말하고 싶다.

이 책을 통해 그들에게 하나를 얻으면 하나를 잃게 된다는 당연한 이치를 잊지 말라고 말하고 싶다. 그리고 아무 생각 없이 그 세계에 발을 들여놓았을 때 당장은 깨닫지 못하겠지만, 20대 후반 정도가 되면 자신들 스스로 얼마나 황폐한 삶을 살게 되는지 알리고 싶다.

때문에 유흥업소에서 사회생활을 시작하는 것만큼은 최대한 막고자 하는 것이다.

화류계 구조

본격적으로 이야기를 시작하기 전에 소위 말하는 '룸살롱'의 직급별 수입과 업소별로 구분한 화류계의 구조에 대해 알고 넘어가자.

업소의 사장과 전체를 관리하는 마담, 그 아래에 남자부장과 소위 말하는 새끼마담이 있다. 사장은 마담한테 매상의 35~45%를 떼어주고 재료비와 주방아주머니, 경리 월급, 가게 월세, 세금 등을 제외한 나머지를 수입으로 한다. 마담은 매상의 35~40%가 수입이고, 남자부장은 100만 원 정도의 월급과 전체 아가씨들 수입에서 10%를 받는디. 새끼마담의 경우는 이느 정도의 월급과 손님에게 받는 5~10만 원 정도 팁을 얹어 수입을 맞춘다. 웨이터는 월급과 2~3만 원 정도의 팁이 수입이다.

강남의 유흥업소 중 '룸살롱'의 경우 '텐프로', '일점오프로', '이십프로'로 분류해서 영업하고 있다. 이는 등급이라고 보면 된다. 그곳에서 일하는 어자들도 외모에 따라 'A급', 'B급', 'C급'으로 분류

된다는 말이다. 그것은 외모와 해당 여자가 가진 매력을 이용하여 벌어들이는 액수도 차이가 나고, 그에 따라 그녀들을 고용하는 업소에서도 대접이 다르기 때문이다.

먼저 '텐프로' 업소는 그야말로 'A급' 여자들로 이뤄진 최상급의 업소를 말한다. 이곳에서 일하는 여자들은 흔히 말하는 '2차'를 나가지 않는다. 그 다음 '일점오프로' 업소는 'A와 B급' 여자들 중에서 'B급' 여자들이 주로 많이 일하는 곳으로, '2차'를 나가는 여자들 반, 나가지 않는 여자들 반이다. 마지막으로 '이십프로' 업소는 'A·B·C급' 여자들 중에서 'C급' 여자들이 주로 많이 일하는 곳으로, '2차'를 나가는 아가씨들이 대부분이다.

'클럽'이라는 간판을 걸어놓은 업소들은 보통 건물 지하에 룸이 50개 이상씩 되는 곳인데, 이곳에서 일하는 여자들은 수백 명씩이나 된다. 대신 '룸살롱'에서 일하는 여자들보다는 하위급이라 보면 된다.

또 앞서 말한 '클럽'보다 술값이 더 싸고 '2차' 요금도 조금 싼 '퍼블릭 클럽'도 있다. '2차'가 가능한 '룸살롱'이나 '클럽'은 성매매방지법 이전에는 공식적으로 나갈 수 있었지만, 그 이후에는 마담이나 P.D(클럽에서의 마담을 지칭하는 말), 손님과 거래된 여자들이 비밀리에 '2차'를 나간다.

여기서 한 가지 짚고 넘어갈 것이 있다. 뉴스나 신문에서는 업주나 악덕 마담이 '2차'를 강요하는 것처럼 보도 되지만, 강남 같은 경우는 그런 심한 강요는 없다. 업소에서 일하는 여자들 스스로가 돈을 벌기 위해 '2차'를 허용하는 가게를 선택하는 것이다. '2차'를 나가지 못한 여자들끼리는 수입이 없기 때문에 투덜대고 짜증까지 낸다. 심지어는 룸살롱 중 '텐프로' 업소나 '카페'에서 일하는 여자들도 상대 손님이 부르는 액수에 따라 '2차'를 나가기도 한다.

지금까지 이야기한 업소의 경우는 '1종 유흥주점'이란 허가를 받아 영업하고, 흔히 '단란주점'이라는 간판을 내걸고 영업하는 곳은 '2종 유흥주점' 허가를 받아서 영업한다. 그리고 '카페'는 '3종 유흥주점'으로서 '일반 대중음식점' 허가를 받아서 영업한다. 그래서 '카페'에서는 손님을 상대하는 여자들이 일할 수 없다는 것이 법으로 명시되어 있다. 하지만 강남의 수많은 카페들이 여자들을 데리고 영업하고 있다. 각 카페들은 서로 연결 고리망을 가지고 있어 상부상조를 하거나 로비도 하면서 요리조리 단속을 피해 영업하는 것이 지금의 실정이다.

유흥업소에서 오래 일했음에도 늘어나는 빚을 감당하지 못한 여자들이 마지막으로 가는 곳이 '안마시술소'이다. 빠른 시간 내에 빚 청산을 원하거나 빨리 돈을 벌고자 하는 목적 때문에 그곳을 찾는데 그 이유는 시장의 간섭 없이 스스로 선택해서 일을 할 수 있고, 무엇보다 빚이 없는 상태에서 시작하기 때문에 빨리 돈을 모을 수 있기 때문이다. 빚이 없는 상태에서 시작할 수 있는 것은 '룸살롱'이나 '클럽'처럼 여자들에게 돈을 빌려주는 '마이킹'이라는 것도 없고, 또 처음부터 여자들을 묶어두기 위해 빚을 안고 시작하게 하지 않아서이다.

차이짐이 있다면, '2차'에 있어서 자의성을 더 많이 띄며 저음 일을 할 때 '콤비'라고 부르는 일종의 보증금 같은 것을 낸다는 것이다. 이것은 '안마시술소'에서 먹고 자고 하는 데 쓰이는 비용으로 한 달에 50~100만 원 정도 선불로 지급한다.

일반적으로 매체에서 '안마시술소'를 퇴폐 영업소로 보도해, '2차'까지 강요하는 곳으로 인식하기 쉬운데 그것은 오해이다. '2차'는 전적으로 일하는 여자 스스로의 선택에 의한 것이다.

착각과 오해

　사람들은 흔히 '술집은 나쁜 곳이야. 저런 데서 일하는 사람들은 얼마나 불쌍할까?' 라고 생각하곤 한다. 하지만 그것은 착각이며 오해라는 것을 아는 사람은 많지 않다. 유흥업소에 종사하는 대부분의 아가씨들은 외모에 자신이 있다보니 일종의 우월감을 가지고 있다. 그래서 자신은 언제든지 그 누구보다 잘 살 수 있다고 생각하고 있는 것이다. 물론 그녀들은 모순적이게도 자신의 직업은 숨기고 싶어 한다. 하지만 기본적으로 그녀들 스스로는 당당하고 자신감에 차 있다.

　강남의 논현동, 삼성동, 역삼동이나 테헤란로에 있는 많은 10평 전후의 원룸이나 오피스텔들은, 아니 강남 어느 곳 구분할 것도 없이 원룸은 거의 유흥업소에 종사하는 여자들이 세 들어 사는 집이라 할 수 있다.

　그러다보니 자신의 주변에 같은 직업을 가진 여성이 너무 많고 부근의 술집, 소주방, 미장원, 옷가게, 포장마차, 편의점, 식당의 매상도 그녀들에 의해 좌우되었다. 저녁 7시 이후나 새벽까지 그녀들의 활동이 워낙 많다보니까 차츰 시장권이 형성되어 예전 같이 유흥업소에 종사하는 그녀들에 대한 시선이 나쁘지 않다. 오히려 다정한 이웃이기라도 한 듯 지내고 있으며 심지어는 세련되고 예쁜 그녀들과 어울리고 싶어 하는 타 지역의 많은 남자들이 강남으로 몰려드는 실정이다.

현실이 이런데 왜 그녀들이 스스로를 불쌍하다고 여기겠는가? 그들을 불쌍히 보는 것은 그녀들과 다른 삶을 살고 있는 일반인들뿐이다.

잠깐의 충동을 경계하라

　유흥업소에 종사하는 이들 또한 돈을 벌기 위해 고생하는 것은 마찬가지이다. 사회적 편견 때문에 많은 사람들이 직업 자체를 경시하거나 무시하는 경향이 있는 것도 사실이다. 하지만 막상 그들의 생활을 알게 되면 사회적 편견을 그대로 받아들이지 않게 된다. 특히 나의 경우는 그들 가까이에서 생활도 해보았고, 그들의 조언자 역할을 해봤기 때문에 안다. 색안경을 벗으면 모두 똑같은 사람일 뿐이다.

　나는 그녀들이 유흥업소에 종사하게 된 갖가지 기구한 사연들을 들었다. 어떤 이는 남들처럼 학교 졸업하고 직장생활하며 사는데 부모님이나 식구 중 누군가가 갑자기 큰 병에 걸려 병원비가 필요해서 시작하기도 하고, 결혼을 약속한 애인의 사업을 도우려 신용카드 대출까지 해줬는데 애인이 완전히 망했다거나, 친구에게 보증을 섰는데 그게 잘못되어서, 찢어지게 가난한 집에서 태어나 사고 싶은 것 한 번 제대로 못 사는 자신의 처지가 너무 딱해서, 돈은 정말 많이 벌고 싶은데 평범한 직장생활로는 어림없어서, 술을 워낙 좋아해 술도 먹고 돈까지 벌 수 있다는 짧은 생각에서, 20대 초반에 알뜰하게 모아 장사하다 망해서, 심지어 명품중독 때문에 빠른 시간 안에 많은 돈이 필요해서, 어린 나이에 혼자 키우는 애 양육비를 조달하기 위해서 등등 그 사연들은 매우 다양하다.

그런데 실상은 앞서 열거한 사연의 20%도 채 안 되고, 돈을 쉽게 벌 수 있다는 착각에서 시작하는 경우가 대부분이다. 직장생활 하면서 친구나 아는 언니 따라 아르바이트로 1주일에 2~3번 정도 오다가 그 생활이 익숙해지고, '돈을 쉽게 벌 수 있구나!' 라는 생각이 들어 본격적으로 시작하게 된다.

그럼에도 한 가지 기특한 점을 굳이 말하자면, 하나같이 '부모님께 좋은 집 사드려야지, 부모님 호강시켜 드려야지.' 라는 생각을 한다는 것이다. 하지만 그것은 뭐가 선이고 후인지를 모르는 것과 같다. 잠시 잠깐의 충동이 평생을 좌우한다. 이를 경계하고 또 경계해야 할 것이다.

처음부터 자립을 목표로 하라

　대부분의 여자들이 유흥업소 생활 처음부터 약간의 빚을 얻어 시작하는 경우가 많다.

　집에서 다니기엔 일이 너무 늦게 끝나고 매일 술을 먹어야 하므로 집에서 독립한다. 강남으로 독립한 여자들의 경우, 보증금 500만 원 정도에 월세 50~100만 원 사이의 원룸 또는 투룸에 많이들 입주한다. 보증금에, 월세에, 복덕방 소개비도 줘야 하지, 갖추고는 살자는 마음에 생활용품, 가전제품과 침대까지, 적지 않은 돈이 필요하다.

　이외에 먼저 방을 얻어 일을 하고 있는 친구들이나 언니들에게 더부살이로 시작하여 빚을 안 지고 시작하는 경우도 있다. 월세도 절반씩 부담하고 급한 대로 친구 홀복도 빌려 입는 등 상부상조하면서 사는 것이다. 그러나 이렇게 시작해도 시간이 지나면 마찬가지로 빚을 얻게 된다.

　또 홀복을 마련하느라 빚을 지는 경우도 있다. 유흥업소에서 홀복은 매우 중요한 옷이다. 매일매일 다른 옷을 입어야 하는 것은 물론

이고 다른 아가씨보다 자기 개성과 매력을 보여줘야 한다. 그래서 많은 돈이 들어가는 것이다. 게다가 옷과 맞춰 구두도 몇 켤레 구비해야 한다. 이래저래 돈 나갈 구멍밖에 없다.

그래서 대부분의 여자들이 유흥업소 생활을 시작할 때부터 200~300만 원 정도의 빚을 얻을 수밖에 없는 것이다. 유흥업소에서 일을 하면 돈은 일반 직장에서보다 2~3배 벌지만, 앞서 언급한 이유들로 인해 지출 또한 그만큼 많다.

이왕 유흥업소에서 일을 시작하였고 피할 수 없는 상황이라면 최대한 빚을 지지 말고 스스로 자립하기 위한 준비를 해야 한다. 다른 사람과 똑같이 소비하고 사치한다면 계속 쌓이는 빚을 감당할 수 없게 될 것은 불 보듯 뻔한 일이다. 요즘은 그나마 옷 대여점이 많이 생겨 홀복을 구입하는 비용을 줄일 수 있게 되었다. 때문에 이런 홀복 대여점을 이용하는 것도 돈을 모을 수 있는 방법 중에 하나이다. 남들에게 비춰지는 모습에만 몰두하다보면 감당할 수 없는 빚에 나앉고 마는 실수를 범하게 된다.

그녀들은 이미 복 많은 여자

강남의 유흥업소에서 일하는 여자들을 단편적으로만 보면 복 받은 여자들이라고 생각해도 되지 않을까? 한국 전체 여성의 10% 안에 드는 미모와 키를 가지고 있고 스타일도 최고라 자부한다. 그 속에서 미모만으로 1~2% 안에 드는 여자들은 웬만한 연예인들도 울고 갈 만큼 예쁘다. 그들의 얼굴엔 귀티가 흐르고 매력이 철철 넘친다.

흔히들 외모 지상주의 시대라고 해서, 요즘 많은 일반 여성들이 아름다워지기 위해 시간과 노력을 투자하고 있다. 이제 아름다운 얼굴과 몸매를 가졌으면 이미 가산점을 가지고 있는 것과 마찬가지이다. 그렇다면 혜택을 가지고 태어난 그녀들은 당연히 부모님께 정말 감사하고 또 감사해야 되는 게 아닌가?

하지만 남들이 부러워할 만한 미모를 가지고 있으면서도 유흥업소에서 일한다는 이유만으로 제대로 인정받지 못하는 그녀들을 생각하면 그저 안타까울 뿐이다.

앞서 언급한 경우와 달리 어쩔 수 없이 유흥업소에 종사한 경우, 정말 독한 맘먹고 한 1~2년 고생하면 거기서 해방될 수 있다. 동료들과 술자리에 어울리지도 않고 제일 먼저 출근해 결근 한 번 안 하고 열심히 돈만 모은다면 말이다. 그런데 그렇게 마음은 먹지만 실천하는 사람들은 극소수이다. 오히려 악착같이 노력해서 유흥업소에서 해방되었다가도 무슨 이유에서인지 다시 돌아오는 경우가 많다. 도대체 왜 그럴까?

그 이유는 돈을 우선 쉽게 만질 수 있다는 것 때문이다. 하지만 유흥업소에서 버는 돈은 액수만 많을 뿐 모을 수 있는 돈이 아니다. 큰 액수의 돈을 만지면서도 빚에 허덕이는 경우가 많은 것도 그 때문이다. 또한 유흥업소에서 일을 하는 동안 생긴 나쁜 습관이나 정신적인 피폐함 때문에 일반 대중과 자연스럽게 어울리기가 쉽지 않아서이다.

처음부터 시작하지 않는 게 상책이다. 발을 담그면 빠져나올 수가 없다. 그리고 이미 시작했다면, 자립을 위한 결심만 하지 말고 실천을 하자.

결정은 신중하게

조금 과장을 하자면, 요즘은 성격 좋고 잘생긴 남자라도 돈 없으면 천대받기 일쑤다. 인간적인 매력은 아무도 보아주지 않는 것이다. 하지만 여자의 경우는 좀 다르다. 돈이 없어도 외모가 아름답다면 누구나 환영한다는 말이다.

앞서 말한 바와 같이, 유흥업소에 종사하는 여성들은 아름다운 외모를 타고났기 때문에 바로 그 점을 이용하면 된다. 사석에서 만나면 눈노 마주치기 싫은 아저씨나 사장님들에게 시달리면서도 웃음을 잃지 않아야 하는 힘든 생활을 견딜 필요 없이 말이다. 애당초 평범한 직장생활을 시작했으면 당장 손에 쥐는 돈은 빠듯하겠지만, 예쁘고 날씬한 몸매와 환한 얼굴로 자신의 스타일과 매력을 만들 수 있고 거기다 능력까지 키운다면 보다 알찬 인생을 살 수 있을 것이다. 덤으로 능력 있는 젊고 멋진 남자들을 만날 수 있는 것도 물론이다.

눈에 보이는 욕심만 조금 참으면, 술 따르며 만난 치근덕대는 아저씨들보나 인격적으로 존경할 만한 사람들을 만날 수도 있고, 그러다

보면 보다 좋은 조건의 남자를 만나 결혼을 할 수도 있다. 한 때 충동적인 욕심으로 인해 30~40대의 행복과 안락함을 빼앗길 수도 있다는 사실을 왜 모르는가? 이미 유흥업소에 발을 들여놓은 여자들을 보면, 치기어린 생각 때문에 허영심과 화려함에 눈이 멀어 싸구려 인생으로 전락하고 말 텐데, 왜 그것을 생각하지 못하는지, 더 안타깝기만 하다.

혹시 이 일을 시작하려는 사람이 있다면, 최소 3년 이상의 경험자에게 충고를 듣고 난 뒤 결정해라. 그래도 늦지 않다. 혹여 조금이라도 마땅치 않은 부분이 있거나 위험한 요소를 감지했다면 아예 시작조차 하지 말아야 한다.

스스로 통제하고 관리하라

80년대 말이나 90년대 초까지만 해도 인심이란 것이 있어서 손님과 아가씨 사이에 '정'이 존재했었다.

하지만 요즘은 다르다. 지금 소위 '매너' 있는 사람은 예전과 같이 점잖은 사람도, 지적 수준이 높은 사람도 아니다. 오로지 비싼 술 먹고 비싼 차 타면서 돈 잘 쓰는 사람이 최고의 '매너 남'인 것이다. 그러므로 정이라는 것도 대부분 돈으로 결정된다. 예전에는 말 그대로 '사람의 마음'이 있었다면 이젠 돈의 액수에 따라 마음이 생길 수도 있고 그렇지 않을 수도 있다는 말이다. 그러다보니 손님들이나 아가씨들도 영악해졌다. 손님은 자신이 주는 팁만큼 혹은 그 이상으로 아가씨들을 괴롭히고, 아가씨들 또한 손님에게 그 액수만큼 대한다. 하지만 역시 약자는 아가씨들이므로, 보다 심한 스트레스에 시달리게 되어 있다.

이렇게 된 원인은 물론 '돈'이다. 손님이 돈을 많이 써야 아가씨들이 돈을 많이 벌기 때문이다.

그녀들이 돈을 많이 벌어야 하는 이유는 궁극적으로는 큰돈을 벌고 싶어서이지만 그 생활을 하는 중에는 자신의 경쟁력을 높이기 위해서라고 할 수 있다. 그녀들이 자신의 경쟁력을 높이는 방법은 외모를 아름답게 꾸미는 것이다. 다른 사람들보다 홀복이나, 머리, 메이크업 등을 아름답게 꾸며야 스스로도 자신감에 차있을 수 있고, 손님이나 동료들 사이에서도 인기가 있기 때문이다. 하지만 여기에 너무 치중하다 보면 힘들게 모은 돈을 족족 소비해버리거나 심하면 빚만 떠안게 된다. 어디 외모에 들어가는 돈뿐일까? 자신들 스스로도 스트레스를 풀기 위해 드는 유흥비 때문에 빚더미에 나앉기도 한다.

이 같은 시행착오를 많이 하는 이들이, 특히 일을 시작한 초년생들이다. 처음 몇 달 일을 하는 동안 생각보다 몸도 힘들고 가게 가서 시달릴 생각을 하니 끔찍하게 느껴지고, 일을 하면 할수록 돈을 벌기는 커녕 빚쟁이들 독촉만 듣게 되니 하루하루가 고통의 연속인 것이다. 이건 어떤 특정한 아가씨 이야기가 아니다. 그들은 많은 돈을 만지지만 주위환경 때문에 돈을 안 쓸 수가 없다.

예를 들면, 자기 스스로는 일찍 집에 가고 싶어도 주위 사람들이 끊임없이 나이트클럽에 자주 가든지 술이나 한 잔 하자고 이끌기 때문에 모른 체 할 수가 없는 것이다. 그 중에서도 제일 문제는 호스트바에 가는 것이다. 키 크고 잘 생긴 젊은 애들이 있는 그곳에는 아가씨들이 돈만 가지고 가면 룸살롱에서 손님들한테 당했던 걸 그곳 호스트들한테 똑같이 풀 수 있기 때문이다. 그러다보니 거의 중독처럼 드나들게 되고 어느 사이 호스트 중 한 명과 애인 사이로 발전되기도 한다.

마음에 드는 호스트라도 있으면 더욱 문제이다. 호스트바의 술값은 룸살롱의 2배에 가깝다. 게다가 겉으로 멋져 보이는 호스트들의 유혹에 끌려 돈까지 빌려주는데 이때 엄청난 빚을 지는 경우가 많다.

그러므로 스스로 통제하고 관리해야 한다. 유흥업소에서 일하는 동안 자신의 외모를 경쟁력 있게 관리하는 것도 중요하지만 도가 지나치면 안 된다. 그리고 스트레스를 푼다는 이유로 과도하게 유흥비를 지출해서도 안 된다. 목표를 세우고 거기에 맞게 자기 자신을 통제하고 관리해야 고통스럽지 않게 그곳에서 살아남을 수 있는 것이다.

부나방들이 기다리는 것은?

앞서 잠깐 '호스트바'에 대한 이야기가 나와서 좀 더 자세히 이야기할까 한다.

솔직히 말해서 유흥업소에서 일하는 여자들 중에서 호스트바에 한 번도 안 가봤다고 한다면 그건 완전한 거짓말이다.

몇 년 전에 어떤 일반 직장여성이 나에게 이런 질문을 했다.

"강남에 사는 부잣집들은 20대 초중반밖에 안 되는 아들에게 다 외제차를 사주나요?"

나는 단호하게 말해줬다.

"물론 사줄 수도 있어. 하지만 외제차를 타고 다니는 젊은 애들 중 50%는 호스트바에서 일하는 애들이야."

호스트바에서 일하는 젊은 남자들이 비싼 외제차를 탈 수 있는 것도 결국 화류계 여성들 덕분이다. 그녀들이 호스트바에 쏟아 붓는 돈으로, 그 젊은 애들이 외제차를 몰 수 있다는 말이다.

호스트바에 가는 것은 누구나 마찬가지로 호기심 때문이다. 나도 한 번 가본 적이 있는데 호스트바에서 일하는 젊은 애들도 역시 화류계 여자들과 마찬가지로 돈을 버는 수단으로 그 직업을 선택한 것뿐이다. 그곳의 손님으로 오는 여성들에게 수난을 당하는 것이 화류계 여자들의 그것보다 훨씬 심하다는 얘기도 들었다.

그렇게 힘들면서 왜 그 일을 하는지 일반인들은 잘 이해되지 않을 것이다. 하지만 그들은 고통스러울지라도 버티면서 기다린다 아니, 찾고 있다. 무엇을? 스폰서를! 내 빚을 전부 해결해주고 목돈도 얻을 수 있는 스폰서를 말이다.

요즘은 굳이 유흥업소 종사자들이 아니더라도 거의 대부분의 사람들이 돈 많은 사람들을 원하고 있는데 하물며 그 돈을 얻으려 몸을 던진 이들이 어찌 기다리지 않을 수 있겠는가? 자신이 원하는 모든 것을 해결해주는 신과 같은 존재를. 유흥업소 종사자들 특히 젊은이들일수록 그것은 생존의 문제에 가까운 것이다.

어떤 여자의 경우, 스폰서의 존재를 일찍 알아서 스폰서가 있는 동안엔 골프 치며 폼 잡고 놀다가, 스폰서 떠나면 다시 일을 시작하여 또다른 스폰서를 기다리는 것이다. 이러한 만남을 계속 반복하면서 나름의 노하우가 생기면 돈을 좀 모을 수 있다. 30대가 넘어서도 그렇게 사는 여성이 정말 많다.

화류계 여성들이 스폰서를 기다리는 것은 옛날이나 지금이나 똑같다. 약 15년 전에는 일본 가서 스폰서 잘 만나 떼부자 됐다는 소문만 믿고 많은 여자들이 일본으로 건너간 적이 있있을 정도이다.

사실 따지고 보면 그녀들의 마음에도 들고 아낌없이 돈을 쓰는 사람을 찾는다는 게 얼마나 힘든 일인가? 하지만 그녀들은 지금도 간절히 원하고 있다. 하다못해 자신이 진 1,000만 원의 빚이라도 갚아 줄 수 있는 사람을.

실제로 그곳에서 일을 하다보면 돈이 많은 스폰서이든 적은 스폰서이든 한두 번 이상은 다 만난다. 만나자마자 외제차 사주고 집도 얻어주고 돈을 풍족하게 주는 스폰서도 있기는 하다. 하지만 그것은 가뭄에 콩나듯 아주 드문 경우일 뿐이다. 그런 얘기들이 부풀려져 소문이 나고 그녀들의 대부분은 '나는 왜 그런 놈 하나 안 걸리는지 모르겠어.' 하며 한숨 쉰다. 스스로도 그런 스폰서를 만나기가 쉽지 않은 걸 알면서도 포기하지 못하는 것은 또 다른 묘안이 없기 때문이다.

자신만의 스타일과 노하우를 가져라

대부분의 손님이나 마담 또는 아가씨들은 폼에 살고 폼에 죽는다고 해도 과언이 아니다.

마담이나 아가씨들이 술집에 드나드는 손님들의 경제력을 평가하는 것은 얼마짜리 시계를 찼나, 명품 옷을 입었나, 외제차를 타는가의 여부이다. 그러다보니 손님들은 또 의식적이든 무의식적이든 허풍을 많이 떤다.

일을 갓 시작한 아가씨들도 처음에는 외모를 비싼 돈 들여 치장할 만큼 능력도 안 되고, 그렇다고 빚을 내기도 꺼려하지만 얼마 지나지 않아 변한다. 왜냐하면 자신보다 못생겨 보이는 이가씨가 비싼 돈 들여 치장하더니 손님들한테 인기를 얻는 모습을 보면 '나도 저렇게 치장하면 저 정도쯤이야…' 하는 마음이 생길 수밖에 없기 때문이다.

더하여 마담도 그런 분위기를 조장한다. 아가씨들에게 빚이 생기든 말든 마담이 예쁘고 비싼 명품들로 치장한 아가씨들을 편애하고, 손님들도 대부분 그런 아가씨를 선택하다보니 자연스럽게 끌려가게 된다. 그 소리 없는 질투와 경쟁으로 인해 빚을 얻어 명품을 사거나 성형수술까지 하게 되는 것이다.

아무리 자존심 상해도 그런 생활에 동화되면 안 된다. 앞서 말한 바와 같이 그런 생활에 동화되는 순간 돈을 모으는 건 힘들어지고 빚만 쌓인다. '돈을 많이 벌고 싶으면 네 몸이나 옷에 투자 좀 해라.' 는 마담의 잔소리나 잘 나간다고 은근히 으스대는 동료들은 무시하고 자신만의 페이스를 고수하라.

외모는 최대한 깨끗하고 깔끔하게, 옷이나 신발 또한 저렴하지만 흉하지 않은 것을 입고 신으면 된다. 무엇보다 중요한 것은 자신만의 스타일과 노하우를 터득하는 것이다. 그렇게 했을 때에만 돈을 모을 수 있다.

자신만의 스타일과 노하우를 가지고 돈도 차곡차곡 모은다면 손님들이 그런 아가씨들을 대하는 것이 달라진다. 쉽게 말해 속이 꽉 차 보이고 미래를 설계하며 돈을 모으는 아가씨에게 깊은 인상을 받지 않을 손님이 어디 있겠는가? 자연 단골손님이 되고 그 수는 늘어갈 것이다.

그렇게 하기까지는 정말 많은 어려움이 뒤따른다. 하지만 참고 견디며 굳세게 자신만의 페이스를 조절해간다면 'A급' 아가씨보다, 아니 이 계통에 종사하는 어느 아가씨보다 많은 돈을 저축되게 될 것이다.

힘들게 버는 만큼 아껴 쓰고 하루하루 계획성 있게 생활한다면 몇 년 지나지 않아 원하는 일을 하게 될 뿐만 아니라 무엇을 해도 성공할 수 있다는 자신감까지 가진 멋진 여성이 될 것이라 장담한다.

먹이사슬 관계

일반적으로 유흥업소에서 일하는 여자들이나 호스트 바에서 일하는 젊은 남자들이나 직업으로 일하는 건 마찬가지라고 생각하기 쉽다. 하지만 그 둘은 엄연히 다르다. 유흥업소에서 일하는 여자들이 만나는 손님들은 직업도 수백 가지가 넘고 나이도 천차만별이다. 무엇보다 손님들의 대부분이 경제적으로도 안정된 사람들이다.

하지만 호스트바에서 일하는 젊은 남자들이 만나는 손님들은 거의 내부분이 유흥업소에서 일하는 여자들이다. 그들이 먹고 살 수 있는 것은 유흥업소에서 일하는 여자들 때문이라 해도 과언이 아닌 것이다. 물론 간혹 일반 직장여성들이나 평범한 아줌마들도 있긴 하다. 예전 같지는 않지만 남대문, 동대문 옷가게 여사장들도 많이 찾는다.

이렇게 호스트바의 손님들 대부분이 유흥업소에서 일하는 여자들인 이유는 그녀들이 스트레스를 풀 데라고는 나이트클럽이나 호스트바뿐이기 때문이다. 나이트클럽에는 주로 이제 갓 일을 시작한 어린 여자들이 가는데 그것은 유흥비가 여유롭지 못하기 때문이다. 그녀들 중에 어느 누구라도 "내가 다 책임질게. 우리 오늘 호스트바 어때?" 하면 백이면 백이 호스트바를 선택할 것이다.

호스트바는 일반 룸살롱보다 2배 정도 비싸 돈도 2배로 나간다. 하지만 요즘은 호스트바들이 클럽처럼 운영하거나 룸카페처럼 운영해서 예전보다 더 저렴해졌다고 한다.

일반 사람들도 호스트바에 대한 호기심은 많다. 하지만 그들이 아는 정도는 키 크고 잘생긴 남자들이 비싼 술을 파는 곳이라는 것뿐이지 어디 있는지도, 어떻게 갈 수 있는지도 모른다. 그저 막연하게 한 번쯤은 가보고 싶다는 생각만 할뿐이다. 하지만 유흥업소에 종사하는 여자들의 경우는 호스트바에 대해 너무 잘 알고 있을뿐더러 자신과 비슷한 일을 하는 사람들이기 때문에 사용하는 은어들도 비슷하고 생각도 비슷해 공유할 수 있는 것이 많다. 때문에 더더욱 자주 찾는 것이다.

하지만 호스트들 또한 유흥업소에서 일하는 여자들과 다를 바가 없다. 돈을 빨리 벌고 싶어 하지만, 자신이 하는 일을 숨기는 것, 어서 돈만 빨리 벌어서 그 생활에서 벗어나고 싶어 하는 것 등 많은 점이 비슷하다. 그러다보니 호스트와 유흥업소에서 일하는 여자들이 동거하는 경우도 흔하다.

하지만 직업상의 특성 때문에 그 관계가 순탄히 유지되기는 힘들다. 여자들의 경우 호스트와 사귀거나 동거하면 다른 사람을 만나는 게 힘들어진다. 하지만 호스트들은 사랑을 미끼로 동시에 5~10명 정도 만나고 연락한다. 동거하는 여자는 이해하거나 눈감아 줄 수밖에 다른 도리가 없다. 직업이라는데 어쩌겠는가? 또 실제로 업소에서 은근한 압력도 받는다. 호스트로서 본분을 잃지 말고 최대한 많은 손님을 데려오라고 말이다. 호스트바에 종사하는 남자들이 유흥업소에 종사하는 여성들보다 숫자는 훨씬 적지만 그들이 상대하는 여자 손님들의 규모는 어마어마하다고 할 수 있다.

억대 연봉자 될 수 있다

화류계에 종사하는 사람들 중에 성공한 사람은 5%도 채 안 된다. 마담이라는 직업은 보다 많은 성공의 가능성을 가지고 있다. 아니, 전문직 못지않은 고소득자가 될 수 있다.

화류계 종사자들에 대한 일반인들의 편견은 물론 좋지 않다. 특히 '마담'이라 불리는 여자들에 대해서도 몸가짐을 함부로 하는 가벼운 직업이라고 생각한다. 하지만 마담이란 직업은 그렇게 단순하지 않다. 그 어떤 직업보다 나름대로의 기술과 노력이 필요한 직업이다. 웃기만 하고 앉아 있으면 손님이 줄을 잇겠는가? 아니다. 그것은 음식 맛도 없는 식당에서 손님만 많기를 고대하는 것과 다를 바 없다.

많은 사람들은 서비스와 친절을 혼동하고 있다. 서비스란 많은 사람들이 공감할 수 있는 시스템을 구축하는 것이다. 그것은 또 크든 작든 발상의 전환이 필요하다. 전략적인 친절이 바로 서비스이며 성공하기 위해선 꼭 필요한 마케팅이라 할 수 있다.

마담에게도 자신만의 시스템, 자신만의 마케팅 전략이 필요하다. 예를 들면, 오늘 100만 원의 수입 중 40~50만 원 정도 되는 본인 수입에서 얼마라도 전날 손님에게 돌려주는 것이다. 아침 10시 정도에 전날 손님에게 전화를 걸어 "10분이라도 시간 좀 내주세요. 아니면 제가 점심시간에 찾아뵙겠습니다." 하면서 10만 원 미만의 맛있는 음식을 사가지고 가든지 6~7만 원 정도의 골프공을 선물하든 갖은 방법을 모두 동원해 전날 손님에게 감동을 줘야 한다. 손님이 낮에 시간이 없다면 오후에라도, 그마저도 시간이 없다면 다음날이라도 그렇게 하는 것이다. 전화도 마담이 직접 한다. 다른 사람들이 아무리 나서도 마담이 직접 행동하는 것만큼 효과가 적기 때문이다. 그래야만 정보도 생기고 이미지도 쌓이게 된다. 마담에게 정보는 자신의 능력을 말해주는 것과 마찬가지일 만큼 중요하다. 그래야 외상값을 덜 떼인다. 지금 장사를 하고 있는 마담이나 새롭게 시작하려는 여자들도 이런 마케팅 전략을 실천한다면 충분히 성공할 수 있을 것이다. 무엇보다 이렇게 열심히 일하는 마담들의 요구를 업소 사장님들 입장에선 무시할 수 없기 때문에 성공의 가능성이 더욱 높은 것이다.

나는 앞으로 5~10년 안에, 대학을 졸업하고 직장에 다니면서 대인관계를 많이 만든 20대 중반에서 30대 초반의 머리 좋고 직업의식이 투철한 인재들이 유흥업소의 마담 자리로 진출하지 않을까, 하는 생각도 조심스럽게 해보았다. 실제로 몇 년 전엔 30대 초반의 일반인들이 마담이라는 직업에 진출했던 적이 있었다. 업소 사장님 입장에선 빚이 없어 부담이 없고 손님들 입장에선 신선한 그들을 반긴 적이 있었다. 하지만 10년이 지난 지금 더 이상의 진출은 볼 수 없었다.

사실 마담이라는 직업이 꼭 나쁜 것만은 아니다. 수입으로만 따진다면 전문직 여성 못지않다. 자본금 한 푼 안 들이고 세금 한 푼 내지 않고 자기가 판 술값 매상의 40~45%를 가져가는 직업이 어디 흔하겠는가? 요즘은 50%를 받아가는 마담도 있다고 한다.

습관이 바르고 부지런하다면 더 많은 돈을 벌어들일 수도 있다. 강한 정신력과 체력을 기반으로 노력한다면 일반 직장인들의 꿈인 연봉 1억 원을 우습게 달성할 수 있다. 생각해보라. 손님들 매상은 2~3명만 동반해서 술을 마셔도 100만 원 정도는 쉽게 오른다. 게다가 중요한 영업 자리라도 된다면 술값만 300~400만 원 정도 된다. 하루에 손님을 한 테이블만 계산해도 연봉 1억 원은 쉽게 넘길 수 있다.

하지만 쓸 만한 아가씨가 없다느니 연대가 안 맞는다느니 여러 가지 탓만 하는 마담들은 당연히 그만큼 벌어들일 수가 없다. 그런 마담들은 하나같이 게으르고 계획도 없고 '폼생폼사'로 살기 때문이다. 지금 자신은 어떤 모습으로 일을 하고 있는지 한 번 되돌아보자.

전문가가 되어라

사업을 위한 접대를 하거나 친구들끼리 술을 마시다 보니 자연스럽게 룸살롱 등 여러 술집을 찾게 되었지만 사실 난 술을 못 마신다. 하지만 사업을 하는 동안 꾸준히 찾다 보니 단골집도 생겼고, 그곳에서 일하는 여자들과 말할 기회가 많았다. 그리고 차차 그녀들의 고통도 알게 되었다. 나는 인간적으로 그녀들에게 도움이 되고 싶었다. 그래서 자기 관리를 잘 하고 자신의 인생에 대한 욕심이 조금이라도 보이는 여자들에게는 아낌없는 충고를 해주었다. 그녀늘이 귀찮아 할 성도로 말이다.

다행히 내가 하는 말을 이해하고 받아들여 화류계 생활을 정리한 여자들도 있다. 그녀들 중에는 집으로 돌아가 다시 공부를 시작한 이들도 있고, 옷가게를 하는 이들도 있고, 어쩔 수 없이 이쪽 일을 할 수밖에 없는 경우엔 대신 빚을 정리해준 적도 있었다.

이 얘길 하는 이유를 지금부터 말하려고 한다. 사실 유흥업소에서 일하는 여자들 중에는 얼굴만 예쁜 게 아니라 야무지고 똑똑하고 지혜로운 이들도 꽤 있다. 문제는 나이가 어리기 때문에 많은 시행착오를 겪는다는 것이지만 여타 연예인처럼 기획사나 매니저를 잘 만나 관리만 잘 해도 멋지게 살 수 있을 그릇들이다. 만약 지금이라도 빚이 없다면 작은 월급을 받는 직업이라도 구해서 그 분야의 전문가가 되길 바란다.

다시 한 번 덧붙여 말하지만 웬만한 각오 없이는 화류계에서 성공하기 힘들뿐더러 독하게 마음먹지 않으면 애당초 시작하지 말아야 한다. 운이 좋아 스폰서를 잘 만난 경우라도 자기 관리를 제대로 하지 못하면, 결국 빚만 떠안게 된다. 혹 이도저도 안 된다면 전문가와 상담하는 것도 좋은 방법 중에 하나이다.

집중력과 끈기를 가지고 도전하라

화류계에서 꼭 한 번 성공을 해야겠다는 사람을 위해 한 가지 충고를 하고자 한다. 그것은 바로 울타리가 되어주는 스폰서가 있을 때 무슨 일이든 새로 시작하라는 것이다.

스폰서가 되어주는 사람이 자신과 함께 골프나 운동을 즐기자고 유혹해도 모든 방법을 동원하여 꼭 자신이 독립적으로 할 수 있는 일을 찾아라. 많은 경험과 끊임없는 노력을 바탕으로 해서 자신의 가치를 높여야 한다. 흔히 말하기로 고기를 먹여주기를 기다리지 말고 스스로 고기를 잡는 방법을 깨우쳐야 한다. 한마디로 말하면, 독립적으로 살 방법을 모르는 10억 원 가진 여자보다 무슨 일을 하든 안정된 수입을 올리며 꾸준히 노력하는 여자의 삶이 더 희망적이라는 것이다.

빚이 너무 많아 아직 몇 년은 그 생활에서 벗어날 가망이 없는 처지의 사람들에게 하고 싶은 말은 하루에 3시간만이라도 미래를 위해 투자하라는 것이다. 대신 작심삼일로 포기하지 말고, 뭐든지 끝까지 배워야 한다는 것이다. 자신의 적성에 맞는 일을 찾아 시작하면, 희망의 불씨를 키울 수 있다.

씀씀이를 줄일 수 없는 사람이라면 빚을 줄일 수 없을 뿐만 아니라 하루하루를 의미 없이 보내기 때문에 그때그때 닥치는 대로 살기 마련이다. 그렇게 살면 무엇보다 정신적·육체적으로 피폐해져 결혼을 하거나 다른 종류의 일을 지속하기 힘들어진다. 지긋지긋하게 가난한 생활을 하는 동안 수없이 부모를 원망하며, 자신은 절대 부모님처럼은 살지 않겠다고 수십 번씩 되뇌이면서 화류계 생활을 시작했음에도 결국 거기서 더 나아간 생활을 하지 못하는 것이다.

젊었을 때야 어느 누가 자신이 늙어서도 가난하게 살 거라고 생각하겠는가? 하지만 인생에 대한 계획도 없고 그 준비조차 하지 않는다면 몇십 년 후에는 가난하고 초라한 모습으로 전락할 수밖에 없다.

그러니 다시 한 번 말하지만, 무엇이든 배워라. 미용사, 네일아트, 요리사, 푸드스타일리스트, 꽃 디자이너, 부동산 중개사, 사진 전문가 등등 배울 수 있는 것은 셀 수 없이 많다. 적성에 맞지도 않는데 뭔가 폼이 난다는 이유만으로 선택하지 마라. 그리고 어려워 보인다고 해서 도전조차 하지 않으려는 자세도 버려라. 가장 중요한 것은 자신의 적성에 맞고 독립하는 데에 현실적인 도움을 주는 직업인가의 여부이다.

한 아가씨가 나한테 고충을 털어놓은 적이 있었다. 자신의 적성에 맞는 것을 배우고 있는 중에 실습을 해야 되는데 빚 때문에 일을 빠질 수도 없어 결국 아무 소용이 없게 됐다는 것이었다. 전혀 이해할 수 없는 말은 아니었지만 그것은 용기가 없는 처사였다.

세상에 쉬운 일은 없다. 모진 마음을 먹지 않으면 성공적인 인생을 살 수 없다. 쉽진 않지만 젊은이의 용기와 패기로 시작해보라. 특히나 유흥업소에 종사하는 여자들은 많은 사람들을 상대해야 하기 때문에 일반인들보다 더 큰 배포와 용기가 있지 않는가? 생전 본 적도 없는 첫 손님이든, 단골손님, 매너 없이 거친 사람, 술주정뱅이, 깐깐한 마담, 마음에 들지 않는 동료들을 상대할 때에는 용감하면서 왜 낮에는 유독 용기가 없는가? 자신의 인생을 위해 용기를 가져라.

예를 들어 네일아트를 배웠다면 친구들을 상대로 실습도 하고 좀 더 자신감이 생기면 동료들에게도 해주는 등 집중력을 가지고 끈질기게 매달려보라. 꾸준하게 하는 사람에게 당할 자는 없다. 그렇게 수년 동안 노력한다면 자신만의 독창적인 아이디어도 생길 것이 아닌가? 술집에서 일하는 시간과 잠자는 시간만 빼고 계속 연구한다면 부업까지도 가능할 것이다.

또 옷 디자인을 배웠다면 골목골목에 즐비한 옷 가게들 혹은 지금 자주 가는 단골 옷가게들을 틈틈이 방문해보라. 하다못해 간식거리라도 가지고 가서 청소를 해주거나 옷 파는 일을 거들다 보면 옷에 대한 이해도 빠를 것이고 유행도, 디자인 감각도 익힐 수 있을 것이다.

관광가이드나 기업통역가이드, 정치통역가이드 같은 직업을 구하고 싶다면 어학원에 다니는 것도 좋다. 1년이 됐든 3년이 됐든 공부하면서 자신의 실력을 키우는 것이다. 더욱이 요즘은 마음만 먹으면 쉽게 어학공부를 할 수 있으니 얼마나 좋은가? 또한 똑같은 실력이라면 예쁘다는 것을 장점으로 살려 더 빨리 성공할 수도 있다. 이밖에 공무원이 되든 여경이 되든 아니면 대입검정고시를 봐서 몇 번 떨어진다 해도 어차피 5년이고 10년이고 허송세월을 보낼 바에야 도전하는 게 낫다.

꼭 뭐가 되지 않아도 틈틈이 자신을 위해 공부하라. 와인 공부를 해 아마추어 와인 박사가 되든 신문을 열심히 읽어 문화적, 사회적인 것들에 대해 자신의 의견을 피력할 수 있는 지식을 갖추든 자신의 인생을 더욱 가치 있게 만들기 위해 노력하라.

내년부터 아니 다음 달부턴 잘 해봐야지 백 번 천 번 마음먹어본들 허사다. 중요한 것은 집중력과 끈기이다. 이것만 있으면 못할 것이 없다.

"나이트클럽에 가도 인기 많고 항상 나를 사귀고 싶어 하는 남자가 많은데 설마 나중에 내가 거지처럼 살겠어? 돈 많은 놈, 정 안 되면 장사 좀 되는 조그만 가게를 하는 젊은 사장이라도 꼬여서 결혼하면 되지."

혹시 이렇게 말하는 사람이 있다면 "꿈 깨!"라고 말해주고 싶다. 생각해보라. 그 '조그만 가게를 하는' 사장님이 바보겠는가? 사실 그 정도 사장님이면 성실하지도 근면하지도 않고 소비만 심한 여자들과 단지 예쁘다는 이유만으로 사귈지는 몰라도, 또 결혼을 한다 해도 끝까지 당신을 사랑할 수 있을지는 의문이다. 사회 적응력을 키우고 악착같이 노력해 스스로 독립할 수 있는 능력을 갖고 있어야 자신의 인생을 당당하게 살아나갈 수 있다. 또 그렇게 해야 남자도 당당하게 만날 수 있는 것이다. 남자한테만 오로지 의지한다는 것은 도박 하는 것과 다름없는 일이라는 것을 명심해야 한다.

연세 많은 어르신들은 자주 하시는 말씀 중 하나가 "거 참, 한 평생

금방 지나가네." 이다. 하지만 시각을 달리하면 참으로 긴 것이 또한 인생이다. 이 긴 인생동안 할 수 있는 일은 참으로 많다. 하지만 젊었을 때부터 '대충, 되는 대로, 흥청망청' 살다 나이만 먹으면, 결국 머리는 텅 비고 비뚤어진 자존심만 갖게 되어 헤어나올 수 없는 나락으로 떨어지고 만다.

땀 흘리는 20대, 창조적인 20대, 낭만적인 20대를 자신의 힘으로 만들어보라. 행복한 삶을 살기 위해, 어디서든 떳떳하기 위해, 돈은 좀 덜 벌더라도 자신의 능력을 쌓아 나간다면 원하는 모든 것을 얻을 수 있을 것이다.

사족으로 한마디만 더 하면, 서두에서 강조한 바와 같이 한 해에 몇 만 명이나 되는 20대 초중반 아가씨들이 화류계에서 사회생활을 시작한다. 나는 더 이상 화류계로 들어오는 이들이 없기를 바라는 마음에서 이 모든 이야기를 한 것이다.

이미 시작한 사람들도 전망이 없는 이 일을 이제 그만하고 자기 자신을 위한 인생을 살라는 뜻에서였다. 원하는 만큼 돈을 가질 수도 없는 그곳에서 빚만 안고 있는 생활은 이제 그만 청산하라는 말을 나는 꼭 하고 싶다.

에필로그

앞에서 돈 버는 애기와 행복에 대한 애기들을 참 많이 강조한 것은 그들이 항상 함께 존재해서 그런 것이다. 사실은 우리 사회에서 대다수의 가족들은 조그만 집이라도 장만하고 풍족하지는 않지만 행복하게 사는 가족이 더 많다.

두서없이 20대에게 충고하다보니 우리 사회를 떠받들고 있는 기둥인 많은 행복한 가족들에게 실례를 범하기도 하고 그 분들의 자녀늘에게 혹여 조금이라도 혼동된 가치관이라노 심어줄까 엄려스럽다.

독자들의 많은 이해를 바라며 혹시라도 젊은이들을 만나게 되면 돈 버는 것도 중요하지만 행복도 같이 쌓아가란 애정 어린 충고도 잊지 말길 바란다.

가림출판사 · 가림M&B · 가림Let's에서 나온 책들

문 학

바늘구멍
켄 폴리트 지음 / 홍영의 옮김 / 신국판 / 342쪽 / 5,300원

레베카의 열쇠
켄 폴리트 지음 / 손연숙 옮김 / 신국판 / 492쪽 / 6,800원

암병선
니시무라 쥬코 지음 / 홍영의 옮김 / 신국판 / 300쪽 / 4,800원

첫키스한 얘기 말해도 될까
김정미 외 7명 지음 / 신국판 / 228쪽 / 4,000원

사미인곡 上·中·下
김충호 지음 / 신국판 / 각 권 5,000원

이내의 끝자리
박수완 스님 지음 / 국판변형 / 132쪽 / 3,000원

너는 왜 나에게 다가서야 했는지
김충호 지음 / 국판변형 / 124쪽 / 3,000원

세계의 명언
편집부 엮음 / 신국판 / 322쪽 / 5,000원

여자가 알아야 할 101가지 지혜
제인 아서 엮음 / 지창국 옮김 / 4×6판 / 132쪽 / 5,000원

현명한 사람이 읽는 지혜로운 이야기
이정민 엮음 / 신국판 / 236쪽 / 6,500원

성공적인 표정이 당신을 바꾼다
마츠오 도오루 지음 / 홍영의 옮김 / 신국판 / 240쪽 / 7,500원

태양의 법
오오카와 류우호오 지음 / 민병수 옮김 / 신국판 / 246쪽 / 8,500원

영원의 법
오오카와 류우호오 지음 / 민병수 옮김 / 신국판 / 240쪽 / 8,000원

석가의 본심
오오카와 류우호오 지음 / 민병수 옮김 / 신국판 / 246쪽 / 10,000원

옛 사람들의 재치와 웃음
강형중 · 김경익 편저 / 신국판 / 316쪽 / 8,000원

지혜의 쉼터
쇼펜하우어 지음 / 김충호 엮음 / 4×6판 양장본 / 160쪽 / 4,300원

헤세가 너에게
헤르만 헤세 지음 / 홍영의 엮음 / 4×6판 양장본 / 144쪽 / 4,500원

사랑보다 소중한 삶의 의미
크리슈나무르티 지음 / 최윤영 엮음 / 신국판 / 180쪽 / 4,000원

장자-어찌하여 알 속에 털이 있다 하는가
홍영의 엮음 / 4×6판 / 180쪽 / 4,000원

논어-배우고 때로 익히면 즐겁지 아니한가
신도회 엮음 / 4×6판 / 180쪽 / 4,000원

맹자-가까이 있는데 어찌 먼 데서 구하려 하는가
홍영의 엮음 / 4×6판 / 180쪽 / 4,000원

아름다운 세상을 만드는 사랑의 메시지 365
DuMont monte Verlag 엮음 / 정성호 옮김
4×6판 변형 양장본 / 240쪽 / 8,000원

황금의 법
오오카와 류우호오 지음 / 민병수 옮김 / 신국판 / 320쪽 / 12,000원

왜 여자는 바람을 피우는가?
기젤라 룬테 지음 / 김현성 · 진정미 옮김 / 국판 / 200쪽 / 7,000원

세상에서 가장 아름다운 선물 김인자 지음
엄마가 두 딸에게 주는 인생의 지침서. 같은 여성으로서의 엄마, 친구로서의 엄마, 삶의 등대로서의 엄마가 딸들에게 바라는 점, 두 딸을 키우면서 세운 교육관 등이 솔직하게 담겨 있다. 또한 딸들과 주고받은 편지, 메모는 서로 교감하는 부모와 자녀의 사이를 말해주는 일종의 답안으로 제시되고 있다.
국판변형 / 292쪽 / 9,000원

수능에 꼭 나오는 한국 단편 33 윤종필 엮음
수능 시험에 대비하기 위해 중고등학교 시절에 반드시 읽어두어야 할 한국 문학의 대표적인 단편 33선을 엄선하여 수록. 이 책에 수록된 대표 단편들은 청소년기의 간접 경험을 위한 매체, 세대를 초월하는 교류 수단, 삶의 활력소가 되어 줄 것이다. 또한 수능 및 내신, 논술 대비에 많은 도움을 줄 것이다.
신국판 / 704쪽 / 11,000원

수능에 꼭 나오는 한국 현대 단편 소설 윤종필 엮음 및 해설
1960~1970년대를 대표하는 단편소설을 엄선하여 수록. 현행 교과 과정에 적합한 작품들을 엮어 청소년들의 학습에도 도움이 되도록 하였고, 더불어 소설 작품을 읽음으로써 간접 경험을 할 수 있게 하였으며, 풍부한 상상력을 키워갈 수 있도록 하였다. 각 작품에 대한 요점 정리도 해놓아 학습 효과도 높일 수 있다.
신국판 / 364쪽 / 11,000원

수능에 꼭 나오는 세계단편(영미권) 지창영 옮김 / 윤종필 엮음 및 해설
1920~1950년대 단편 소설 분야 최고 작가의 작품만 엄선하여 수록. 미국과 영국의 단편선을 통하여 그 나라의 정신적 가치, 문화적 특징을 접함으로써 정신적인 성장을 할 수 있는 계기가 될 수 있을 것이다. 신국판 / 328쪽 / 10,000원

수능에 꼭 나오는 세계단편(유럽권) 지창영 옮김 / 윤종필 엮음 및 해설
1920~1950년대 프랑스, 러시아, 독일의 특색을 온전히 느낄 수 있고 그 나라를 대표할 수 있는 작가의 작품만을 엄선하여 12편을 실은 것이다. 이 작품들은 몇백 년이 흐른 지금에도 전 세계인들이 애독하고 있는 불후의 명작들에 속한다.
신국판 / 360쪽 / 11,000원

건 강

아름다운 피부미용법 이순희(한독피부미용학원 원장) 지음
피부조직에 대한 기초 이론과 우리 몸의 생리를 알려줌으로써 아름다운 피부, 젊은 피부를 오래 유지할 수 있는 비결 제시!
신국판 / 296쪽 / 6,000원

버섯건강요법 김병각 외 6명 지음
종양 억제율 100%에 가까운 96.7%를 나타내는 기적의 약용버섯 등 신비의 버섯을 통하여 암을 치료하고 비만, 당뇨, 고혈압, 동맥경화 등 각종 성인병 예방을 위한 생활 건강 지침서!
신국판 / 286쪽 / 8,000원

성인병과 암을 정복하는 유기게르마늄
이상현 편저 / 캬오 샤오이 감수
최근 들어 각광을 받고 있는 새로운 치료제인 유기게르마늄을 통한 성인병, 각종 암의 치료에 대해 상세히 소개.
신국판 / 312쪽 / 9,000원

난치성 피부병 생약효소연구원 지음
현대의학으로도 치유불가능했던 난치성 피부병인 건선 · 아토피(태열)의 완치요법이 수록된 건강 지침서.
신국판 / 232쪽 / 7,500원

新 방약합편 정도명 편역
자신의 병을 알고 증세에 맞춰 스스로 처방을 할 수 있고 조제할 수 있는 보약 506가지 수록. 신국판 / 416쪽 / 15,000원

자연치료의학 오홍근(신경정신과 의학박사 · 자연의학박사) 지음
대한민국 최초의 자연의학박사가 밝힌 신비의 자연치료의학으로 자연산물을 이용하여 부작용 없이 치료하는 건강 생활 비법 공개!!
신국판 / 472쪽 / 15,000원

약초의 활용과 가정한방 이인성 지음
주변의 흔한 식물과 약초를 활용하여 각종 질병을 간편하게 예방 ·

치료할 수 있는 비법제시. 신국판 / 384쪽 / 8,500원

역전의학 이시하라 유미 지음 / 유태종 감수
일반상식으로 알고 있는 건강상식에 대해 전혀 새로운 관점에서 비판하고 아울러 새로운 방법들을 제시한 건강 혁명 서적!!
신국판 / 286쪽 / 8,500원

이순희식 순수피부미용법 이순희(한독피부미용학원 원장) 지음
자신의 피부에 맞는 관리법으로 스스로 피부관리를 할 수 있는 방법을 제시하고 책 속 부록으로 천연팩 재료 사전과 피부 타입별 팩 고르기. 신국판 / 304쪽 / 7,000원

21세기 당뇨병 예방과 치료법 이현철(연세대 의대 내과 교수) 지음
세계 최초 유전자 치료법을 개발한 저자가 당뇨병과 대항하여 가장 확실하게 이길 수 있는 당뇨병에 대한 올바른 이론과 발병시 대처 방법을 상세히 수록! 신국판 / 360쪽 / 9,500원

신재용의 민의학 동의보감 신재용(해성한의원 원장) 지음
주변의 흔한 먹거리를 이용해 신비의 명약이나 보약으로 활용할 수 있는 건강 지침서로서 저자가 TV나 라디오에서 다 밝히지 못한 한방 및 민간요법까지 상세히 수록!! 신국판 / 476쪽 / 10,000원

치매 알면 치매 이긴다 배오성(백상한방병원 원장) 지음
B.O.S 요법으로 뇌세포의 기능을 활성화시키고 엔돌핀의 분비효과를 극대화시켜 증상에 맞는 한약 처방을 병행하여 치매를 치유하는 획기적인 치유법 제시. 신국판 / 312쪽 / 10,000원

21세기 건강혁명 밥상 위의 보약 생식 최경순 지음
항암식품으로, 다이어트식으로, 젊고 탄력적인 피부를 유지할 수 있게 해주는 자연식으로의 생식을 소개하여 현대인들의 건강 길라잡이가 되도록 하였다. 신국판 / 348쪽 / 9,800원

기치유와 기공수련 윤한홍(기치유 연구회 회장) 지음
누구나 노력만 하면 개발할 수 있고 활용할 수 있는 기수련 방법과 기치유 개발 방법 소개. 신국판 / 340쪽 / 12,000원

만병의 근원 스트레스 원인과 퇴치 김지혁(김지혁한의원 원장) 지음
만병의 근원인 스트레스를 속속들이 파헤치고 예방법까지 속시원하게 제시!! 신국판 / 324쪽 / 9,500원

김종성 박사의 뇌졸중 119 김종성 지음
우리나라 사망원인 1위. 뇌졸중 분야의 최고 권위자인 저자가 일상생활에서의 건강관리부터 환자간호에 이르기까지 뇌졸중의 예방, 치료법 등 모든 것 수록. 신국판 / 356쪽 / 12,000원

탈모 예방과 모발 클리닉 장정훈 · 전재홍 지음
미용적인 측면과 우리가 일상적으로 고민하고 궁금해 하는 털에 관한 내용들을 다양하고 재미있게 예들을 들어가면서 흥미롭게 풀어간 것이 이 책의 특징. 신국판 / 252쪽 / 8,000원

구태규의 100% 성공 다이어트 구태규 지음
하이틴 영화배우의 다이어트 체험기. 저자만의 다이어트법을 제시하면서 바람직한 다이어트에 대해서도 알려준다. 건강하게 날씬해지고 싶은 사람들을 위한 필독서! 4×6배판 변형 / 240쪽 / 9,900원

암 예방과 치료법 이춘기 지음
암환자와 가족들을 위해서 암의 치료방법에서부터 합병증의 예방 및 암이 생기기 전에 알 수 있는 방법에 이르기까지 상세하게 해설해 놓은 책. 신국판 / 296쪽 / 11,000원

알기 쉬운 위장병 예방과 치료법 민영일 지음
소화기관인 위와 관련 기관들의 여러 질환을 발병 원인, 증상, 치료법을 중심으로 알기 쉽게 해설해 놓은 건강서.
신국판 / 328쪽 / 9,900원

이온 체내혁명 노보루 야마노이 지음 / 김병관 옮김
새로운 건강관리 이론으로 주목을 받고 있는 음이온을 통해 건강을 돌볼 수 있는 방법 제시. 신국판 / 272쪽 / 9,500원

어혈과 사혈요법 정지천 지음
침과 부항요법 등을 사용하여 모든 질병을 다스릴 수 방법과 우리 주변에서 흔하게 접할 수 있는 각 질병의 상황별 처치를 혈자리 그림과 함께 해설. 신국판 / 308쪽 / 12,000원

약손 경락마사지로 건강미인 만들기 고정환 지음
경락과 민족 고유의 정신 약손을 결합시킨 약손 성형경락 마사지로 수술하지 않고도 자신이 원하는 부위를 고치는 방법을 제시하는 건

강 미용서. 4×6배판 변형 / 284쪽 / 15,000원

정유정의 LOVE DIET 정유정 지음
널리 알려진 온갖 다이어트 방법으로 살을 빼려고 노력했던 저자의 고통스러웠던 다이어트 체험담이 실려 있어 지금 살 때문에 고민하는 사람들이 가슴에 와 닿는 나만의 다이어트 계획을 나름대로 세울 수 있을 것이다. 4×6배판 변형 / 196쪽 / 10,500원

머리에서 발끝까지 예뻐지는 부분다이어트 신상만 · 김선민 지음
한약을 먹거나 침을 맞아 살을 빼는 방법, 아로마요법을 이용한 다이어트법, 운동을 이용한 부분비만 해소법 등이 실려 있으므로 나에게 맞는 방법을 선택해 날씬하고 예쁜 몸매를 만들 수 있을 것이다.
4×6배판 변형 / 196쪽 / 11,000원

알기 쉬운 심장병 119 박승정 지음
심장병에 관해 심장질환이 생기는 원인, 증상, 치료법을 중심으로 내용을 상세하게 해설해 놓은 건강서. 신국판 / 248쪽 / 9,000원

알기 쉬운 고혈압 119 이정균 지음
생활 속의 고혈압에 관해 일반인들이 관심을 가지고 예방할 수 있도록 고혈압의 원인, 증상, 합병증 등을 상세하게 해설해 놓은 건강서. 신국판 / 304쪽 / 10,000원

여성을 위한 부인과질환의 예방과 치료 차선희 지음
남들에게는 말할 수 없는 증상들로 고민하고 있는 여성들을 위해 부인암, 골다공증, 빈혈 등 부인과질환을 원인 및 치료방법을 중심으로 설명한 여성건강 정보서. 신국판 / 304쪽 / 10,000원

알기 쉬운 아토피 119 이승규 · 임승엽 · 김문호 · 안유일 지음
감기처럼 흔하지만 암만큼 무서운 아토피 피부염의 원인에서부터 증상, 치료방법, 임상사례, 민간요법을 적용한 환자들의 경험담 등 수록. 신국판 / 232쪽 / 9,500원

120세에 도전한다 이권행 지음
아프지 않고 건강하게 오래 살기를 바라는 현대인들에게 우리 체질에 맞는 식생활습관, 심신 활동, 생활습관, 체질별 · 나이별 양생법을 소개. 장수하고픈 독자들의 궁금증을 풀어줄 것이다.
신국판 / 308쪽 / 11,000원

건강과 아름다움을 만드는 요가 정판식 지음
책을 보고서 집에서 혼자서도 할 수 있는 요가법 수록. 각종 질병에 따른 요가 수정체조법도 담았으며, 별책 부록으로 한눈에 보는 요가 차트 수록. 4×6배판 변형 / 224쪽 / 14,000원

우리 아이 건강하고 아름다운 롱다리 만들기 김성훈 지음
키 작은 우리 아이를 롱다리로 만드는 비법공개. 식사습관과 생활습관만의 변화로도 키를 크게 할 수 있으므로 키 작은 자녀를 둔 부모의 고민을 해결해 준다. 대국전판 / 236쪽 / 10,500원

알기 쉬운 허리디스크 예방과 치료 이종서 지음
전문가들의 의견, 허리병의 치료에서 가장 중요한 운동치료, 허리디스크와 요통에 관해 언론에서 잘못 소개한 기사나 과장 보도한 기사, 대상이 광범위함으로써 생기고 있는 사이비 의술 및 상업적인 의술을 시행하는 상업적인 병원 등을 소개함으로써 허리병을 앓고 있는 사람들에게 정확하고 올바른 지식을 전달하고자 하는 길라잡이서. 대국전판 / 336쪽 / 12,000원

소아과 전문의에게 듣는 알기 쉬운 소아과 119
신영규 · 이강우 · 최성항 지음
새내기 엄마, 아빠를 위해 올바른 육아법을 제시하고 각종 질병에 대한 치료법 및 예방법, 응급처치법을 소개.
4×6배판 변형 / 280쪽 / 14,000원

피가 맑아야 건강하게 오래 살 수 있다 김영찬 지음
현대인이 앓고 있는 고혈압, 당뇨병, 심장병 등은 피가 끈적거리고 혈관이 너덜거려서 생기는 질병이다. 이러한 성인병을 치료하려면 식요요법, 생활습관 개선 등을 통해 피를 맑게 해야 한다. 이 책에서는 피를 맑게 하기 위해 필요한 처방, 생활습관 개선법을 한의학적 관점에서 상세하게 설명하고 있다. 신국판 / 256쪽 / 10,000원

웰빙형 피부 미인을 만드는 나만의 셀프 피부건강 양해원 지음
모든 사람들이 관심 있어 하는 피부 관리를 집에서 할 수 있게 해주는 실용서. 집에서 간단하게 만들 수 있는 화장수, 팩 등을 소개하여 손 안의 미용서 역할을 하고 있다. 대국전판 / 144쪽 / 10,000원

내 몸을 살리는 생활 속의 웰빙 항암 식품 이승남 지음

'암=사형 선고'라는 고정관념을 깨자는 전제 아래 우리 밥상에서 흔히 볼 수 있는 먹거리로 암을 예방하며 치료하는 방법 소개. 암환자와 그 가족들에게 희망을 안겨 줄 것이다.
대국전판 / 248쪽 / 9,800원

마음한글, 느낌한글 박완식 지음
훈민정음의 창제원리를 이용한 한글명상, 한글요가, 한글체조로 지금까지의 요가나 명상과는 차원이 다른 더욱 더 효과적인 수련으로 이제 당신 앞에 새로운 세계가 펼쳐진다. 4×6배판 / 300쪽 / 15,000원

웰빙 동의보감식 발마사지 10분 최미희 지음 / 신재용 감수
발이 병나면 몸에도 병이 생긴다. 우리 몸 중에서 가장 천대받으면서도 가장 많은 일을 하는 발을 새롭게 인식하는 추세에 맞추어 발을 가꾸어 건강을 지키는 방법 제시. 각 질병별 발마사지 방법, 부위를 구체적으로 설명하고 있다. 텔레비전을 보면서 하는 15분의 발마사지가 피로를 풀어주고 건강을 지켜줄 것이다.
4×6배판 변형 / 204쪽 / 13,000원

아름다운 몸, 건강한 몸을 위한 목욕 건강 30분 임하성 지음
우리가 흔히 대수롭지 않게 여기고 하는 습관 중에 하나가 목욕일 것이다. 그러나 이제 목욕도 건강과 관련시켜 올바른 방법으로 해야 한다. 웰빙 시대, 웰빙 라이프에 맞는 올바른 목욕법을 피부 관리 및 우리들의 생활 패턴에 맞추어 제시해 본다.
대국전판 / 176쪽 / 9,500원

내가 만드는 한방생주스 60 김영섭 지음
일반적인 과일 · 야채 주스에 21가지 한약재로 기본 음료를 만들어 맛과 영양을 고루 갖춘 최초의 웰빙 한방 건강음료 만드는 법 60가지 수록!! 각 음료마다 만드는 법과 효능을 실어 우리 가족 건강을 지키는 건강지침서의 역할을 한다. 국판 / 112쪽 / 7,000원

몸을 살리는 건강식품 백은희 · 조창호 · 최양진 지음
스트레스에 시달리는 현대인들에게 자연 영양소를 공급해 주는 건강기능식품에 관한 상세한 정보를 담고 있다. 나에게 필요한 영양소는 어떤 것이 있으며, 어떻게 섭취했을 때 가장 큰 효과를 얻을 수 있는지 등을 조목조목 설명해 놓은 것이 눈에 띈다.
신국판 / 384쪽 / 11,000원

건강도 키우고 성적도 올리는 자녀 건강 김진돈 지음
자녀를 둔 부모라면 가장 먼저 생각하는 것이 자녀의 건강일 것이다. 특히 수험생을 둔 부모라면 그 관심은 말로 단정지을 수 없다. 수험생 자신이나 부모가 알아야 한 평소 건강 관리법, 제일 이겨내기 힘든 계절인 여름철 건강 관리법, 조심해야 할 질병들에 대한 예방법, 치료법을 상세하게 소개하고 있다. 신국판 / 304쪽 / 12,000원

알기 쉬운 간질환 119 이관식 지음
간염이 있는 사람이 술잔을 돌릴 경우 간염이 전염될까? 우리는 간이 소중한 존재임을 알면서도 혹사시키는 일이 많다. 간염 전염 및 간경화, 간암 등에 대한 잘못된 지식을 제대로 삽아주고 간과 관련된 병을 예방하는 법, 병에 걸렸을 때 치료하고 관리하는 법 등을 상세히 수록하여 간을 건강하게 지킬 수 있도록 해준다.
신국판 / 264쪽 / 11,000원

밥으로 병을 고친다 허봉수 지음
우리가 하루 세 끼 식사에서 대하는 밥상이 우리의 건강을 지켜주는 최고의 건강지킴이다. 이 간단명료한 진리를 알면서도 우리는 다른 방법으로 건강을 지키려고 한다. 건강을 지키는 일은 어렵고 특별한 일이 아니라 보통의 밥상에서 지킬 수 있는 일임을 강조하고 거기에 맞는 실제 사례를 제시하여 비슷한 사례에서 응용할 수 있게 내용을 구성하고 있다. 대국전판 / 352쪽 / 13,500원

알기 쉬운 신장병 119 김형규 지음
신장병은 특별한 증상이 없어 조기진단이 힘들다고 한다. 그러나 진단과 치료의 혜택으로 완치를 할 수 있는 병이라고도 한다. 일상생활 속에서 신장병을 파악할 수 있는 자가진단법, 신장병을 검사하고 치료하는 방법, 신장병과 관련 있는 질병들을 일반인들이 이해하기 수준에서 설명하고 있다. 또한 신장병과 관련 있는 생활 속의 정보를 부록으로 수록하여 내용의 깊이를 더해 주고 있다.
신국판 / 240쪽 / 10,000원

마음의 감기 치료법 우울증 119 이민수 지음
우울증에는 예외의 대상이 없다. 현대인이라면 누구나 우울증에 걸릴 수 있다는 전제 아래 일반인들이 쉽게 이해할 수 있는 우울증을 담고 있다. 남에게, 가족에게 숨겨야 하는 몹쓸 병이 아니라 바르고 정확하게 알아야 건강한 삶을 누릴 수 있는 병임을 알리면서 우울증을 치료하는 법, 환자 본인과 가족 및 주위에서 가져야 할 자세 등을 알려준다. 대국전판 / 232쪽 / 9,800원

관절염 119 송영욱 지음
"비가 오려나? 왜 이리 무릎이 쑤시나." 이렇게 표현되는 관절염에는 일반인들이 잘 알지 못하는 다른 종류의 관절염도 있다. 이러한 관절염을 일반인들의 입장에서 쉽게 이해하고 예방하고 치료할 수 있는 방법을 소개하고 있다. 생활 속에서의 습관을 고치고 운동을 통해서 허리나 다리가 아픈 통증에서 벗어날 수 있다.
대국전판 / 224쪽 / 9,800원

내 딸을 위한 미성년 클리닉 강병문 · 이향아 · 최정원 지음
서울 아산병원 미성년 클리닉팀의 새로운 제안!! 청소년기의 건강 상태는 평생을 좌우한다. 이 시기를 어떻게 보내느냐에 따라 60년 인생이 완전히 달라질 수 있다. 특히 여자라면 꼭 알아야할 건강 이야기로 자라나는 우리 딸들이 자신의 몸을 소중히 하는 데 도움이 될 것이다. 국판 / 148쪽 / 8,000원

암을 다스리는 기적의 치유법
케이 세이헤이 감수 / 카와키 나리카즈 지음 / 민병수 옮김
저분자 수용성 키토산의 파워!! 항암제나 방사선 치료의 부작용을 경감시키고 그 효과를 오래 지속시켜주는 효과를 비롯한 키토산의 6대 항암 효과를 통하여 암에 탁월한 효과가 있는 수용성 키토산의 전신 면역 요법에 대하여 알 수 있을 것이다. 더불어 자연치유력에 대한 강한 믿음을 갖게 된다. 신국판 / 256쪽 / 9,000원

스트레스 다스리기
대한불안장애학회 스트레스관리연구특별위원회 지음
스트레스 분야의 21명의 전문가가 쓴 스트레스 해소법. 암보다 무서운 병, 스트레스를 줄이면 10년은 젊게 살 수 있다.
신국판 / 304쪽 / 12,000원

천연 식초 건강법
건강식품연구회 엮음 / 신재용(해성한의원 원장) 감수
가장 쉽게 구할 수 있고 경제적인 식품이면서 상상할 수 없을 정도로 뛰어난 약효를 지닌 식초의 모든 것을 담은 건강지침서!
신국판 / 252쪽 / 9,000원

교 육

우리 교육의 창조적 백색혁명
윤상기 지음 / 신국판 / 206쪽 / 6,000원

현대생활과 체육
조창남 외 5명 공저 / 신국판 / 340쪽 / 10,000원

퍼펙트 MBA IAE유학네트 지음 / 신국판 / 400쪽 / 12,000원

유학길라잡이 I - 미국편
IAE유학네트 지음 / 4×6배판 / 372쪽 / 13,900원

유학길라잡이 II - 4개국편
IAE유학네트 지음 / 4×6배판 / 348쪽 / 13,900원

조기유학길라잡이.com
IAE유학네트 지음 / 4×6배판 / 428쪽 / 15,000원

현대인의 건강생활
박상호 외 5명 공저 / 4×6배판 / 268쪽 / 15,000원

천재아이로 키우는 두뇌훈련
나카마츠 요시로 지음 / 민병수 옮김
머리가 좋은 아이로 키우기 위한 환경 만들기, 식사, 운동 등 연령별 두뇌 훈련법 소개. 국판 / 288쪽 / 9,500원

두뇌혁명 나카마츠 요시로 지음 / 민병수 옮김
『뇌내혁명』 하루야마 시게오의 추천작!! 어른들을 위한 두뇌 개발서. 풍요로운 인생을 만들기 위한 '뇌' 와 '몸' 자극법 제시.
4×6판 양장본 / 288쪽 / 12,000원

테마별 고사성어로 익히는 한자
김경익 지음 / 4×6배판 변형 / 248쪽 / 9,800원

生생 공부비법 이은승 지음

국내 최초 수학과외 수출의 주인공 이은승이 개발한 자기만의 맞춤식 공부학습법 소개. 공부도 하는 법을 알면 목표를 달성할 수 있다고 용기를 북돋우어 주는 실전 공부 비법서.
대국전판 / 272쪽 / 9,500원

자녀를 성공시키는 습관만들기 배은경 지음
성공하는 자녀를 꿈꾸는 부모들이 알아야 할 자녀 교육법 소개. 부모는 자녀 인생의 주연이 아님을 알아야 하며 부모의 좋은 습관, 건전한 생각이 자녀의 성공 인생을 가져온다는 내용을 담은 부모 및 자녀 모두를 위한 자기 계발서. 대국전판 / 232쪽 / 9,500원

한자능력검정시험 1급 한자능력검정시험연구위원회 편저
한자능력검정시험의 최상급인 1급 대비서. 2~8급 배정한자(2355자)를 포함하는 1급 배정한자 3500자에 관한 유래, 활용 예, 사자성어, 예상문제 등을 완벽 수록하여 시험에 만전을 기할 수 있게 하였다. 또한 쓰기 배정한자 2005자에 대한 부록도 수록하여 읽기와 쓰기 한자 익힘이 완벽하게 이루어지도록 하였다.
4×6배판 / 568쪽 / 21,000원

한자능력검정시험 2급 한자능력검정시험연구위원회 편저
국어사전식 단어 배열. 내용을 쉽게 이해할 수 있도록 도와주는 일러스트, 기출 문제의 완전 분석을 바탕으로 한 예상 문제 수록 등 한자능력검정시험 2급을 준비하는 사람들을 위한 완벽 대비서.
4×6배판 / 472쪽 / 18,000원

한자능력검정시험 3급(3급II) 한자능력검정시험연구위원회 편저
4급 한자를 포함한 3급·3급II 배정한자 1817자 각 한자에 대한 어원 및 실용 사례를 수록하였다. 각 한자의 배열은 가, 나, 다…의 국어사전식 배열을 채택하여 음만 알아도 한자를 쉽게 찾을 수 있게 하였다. 또한 한자의 이해를 돕는 일러스트, 3급·3급II 한자를 포함한 실생활에 응용할 수 있는 생활 한자 코너를 배정하여 학습의 깊이를 더해주고 있다. 끝으로 기출문제 분석에 맞춘 예상문제와 쓰기 배정 한자를 실어 3급·3급II 한자 학습을 완전하게 익힐 수 있게 하였다. 4×6배판 / 440쪽 / 17,000원

한자능력검정시험 4급(4급II) 한자능력검정시험연구위원회 편저
국어사전식 단어 배열. 4급 한자 1000자 필순 수록, 생활에서 활용할 수 있는 활용 한자 요점정리, 생활 속에서 자주 쓰이는 약자, 한자의 이해를 돕기 위한 일러스트와 유래 설명, 4급 한자 1000자를 응용한 한자 심화 학습, 기출 문제를 완전 분석한 후 그에 따라 엄선한 예상문제 수록 등 4급 한자 익히기와 시험에 대비하는 모든 사람들을 위한 완벽 대비서. 4×6배판 / 352쪽 / 15,000원

한자능력검정시험 5급 한자능력검정시험연구위원회 편저
국어사전식 단어 배열. 5급 한자 500자 따라 쓰기, 생활에서 활용할 수 있는 활용 한자 요점정리, 생활 속에서 자주 쓰이는 약자, 한자의 이해를 돕기 위한 일러스트와 유래 설명, 기출 문제를 완전 분석한 후 그에 따라 엄선한 예상문제 수록 등 5급 한자 익히기와 시험에 대비하는 모든 사람들을 위한 완벽 대비서.
4×6배판 / 264쪽 / 11,000원

한자능력검정시험 6급 한자능력검정시험연구위원회 편저
국어사전식 단어 배열. 6급 한자 300자 따라 쓰기, 생활에서 활용할 수 있는 활용 한자 요점정리, 한자의 이해를 돕기 위한 일러스트와 유래 설명, 기출 문제를 완전 분석한 후 그에 따라 엄선한 예상문제 수록 등 6급 한자 익히기와 시험에 대비하는 모든 사람들을 위한 완벽 대비서. 4×6배판 / 168쪽 / 8,500원

한자능력검정시험 7급 한자능력검정시험연구위원회 편저
국어사전식 단어 배열, 각 한자 배우기에 도움이 되는 일러스트를 곁들이고 한자의 구성 원리를 설명해 놓아 한자 배우기가 재미있고 쉽다. 또한 따라쓰기를 통해 한자 익히기를 완전하게 끝낼 수 있도록 하였으며 활용 예문을 다양하게 예시해 놓았다.
4×6배판 / 152쪽 / 7,000원

한자능력검정시험 8급 한자능력검정시험연구위원회 편저
8급 한자 50자에 대해 각 한자 배우기에 도움이 되는 일러스트를 곁들이고 한자의 구성 원리를 설명해 놓아 한자 배우기가 재미있고 쉽다. 또한 따라쓰기를 통해 기본 한자 익히기를 완전하게 끝낼 수 있도록 하였으며 기본 50개의 한자를 활용한 예문을 다양하게 예시해 놓았다. 4×6배판 / 112쪽 / 6,000원

볼링의 이론과 실기 이택상 지음 / 신국판 / 192쪽 / 9,000원

고사성어로 끝내는 천자문 조준상 글/그림
고사성어에 얽힌 일화를 재미있는 만화로 엮어, 만화를 보면서 고사성어도 익힐 수 있는 일석이조의 만화 학습서이다. 특히 국가공인 한자능력검정시험 4급에 나오는 한자를 수록하고 있어 자격증을 준비하는 데에 도움을 줄 뿐만 아니라 실생활에 응용할 수 있는 생활한자가 수록되어 있어 교양을 넓히는 데에도 많은 도움이 될 것이다. 4×6배판 / 216쪽 / 12,000원

취미·실용

김진국과 같이 배우는 와인의 세계 김진국 지음
포도주 역사에서 분류, 원료 포도의 종류와 재배, 양조·숙성·저장, 시음법, 어울리는 요리와 와인의 유통과 소비, 와인 시장의 현황과 전망, 와인 판매 요령, 와인의 보관과 재고의 회전, '와인 양조 비밀의 모든 것'을 동영상으로 담은 CD까지, 와인의 모든 것이 담긴 종합학습서.
국배판 변형양장본(올 컬러판) / 208쪽 / 30,000원

경제·경영

CEO가 될 수 있는 성공법칙 101가지
김승룡 편역 / 신국판 / 320쪽 / 9,500원

정보소프트 김승룡 지음 / 신국판 / 324쪽 / 6,000원

기획대사전 다카하시 겐코 지음 / 홍영의 옮김
기획에 관련된 모든 사항을 실례와 도표를 통하여 초보자에서 프로 기획맨에 이르기까지 효율적으로 활용할 수 있도록 체계적으로 총망라하였다. 신국판 / 552쪽 / 19,500원

맨손창업·맞춤창업 BEST 74 양혜숙 지음
창업대행 현장 전문가가 추천하는 유망업종을 7가지 주제별로 나누어 수록한 맞춤창업서로 창업예비자들에게 창업의 길을 밝혀줄 발로 뛰면서 만든 실무 지침서!! 신국판 / 416쪽 / 12,000원

무자본, 무점포 창업! FAX 한 대면 성공한다
다카시로 고시 지음 / 홍영의 옮김 / 신국판 / 226쪽 / 7,500원

성공하는 기업의 인간경영 중소기업 노무 연구회 편저 / 홍영의 옮김
무한경쟁시대에서 각 기업들의 다양한 경영 실태 속에서 인사·노무 관리 개선에 있어서 기업의 효율을 높이고 발전을 이룰 수 있는 원칙을 제시. 신국판 / 368쪽 / 11,000원

21세기 IT가 세계를 지배한다 김광희 지음
21세기 화두로 떠오른 IT혁명의 경쟁력에 대해서 전문가의 논리적이고 철저한 해설과 더불어 매장 끝까지 실제 사례를 곁들여 설명.
신국판 / 380쪽 / 12,000원

경제기사로 부자아빠 만들기 김기태·신현태·박근수 공저
날마다 배달되는 경제기사를 꼼꼼히 챙겨보는 사람만이 현대생활에서 부자가 될 수 있다. 언론인의 현장감각과 학자의 전문성을 접목시킨 것이 이 책의 특성! 누구나 이 책을 읽고 경제원리를 체득, 경제예측을 할 수 있게 준비된 생활경제서적.
신국판 / 388쪽 / 12,000원

포스트 PC의 주역 정보가전과 무선인터넷 김광희 지음
포스트 PC의 주역으로 급부상하고 있는 정보가전과 무선인터넷 그리고 이를 구현하기 위한 관련 테크놀러지를 체계적으로 소개.
신국판 / 356쪽 / 12,000원

성공하는 사람들의 마케팅 바이블 채수명 지음
최근의 이론을 보완하여 내놓은 마케팅 관련 실무서. 마케팅의 정보전략, 핵심요소, 컨설팅실무까지 저자의 노하우와 창의적인 이론이 결합된 마케팅서. 신국판 / 328쪽 / 12,000원

느린 비즈니스로 돌아가라
사카모토 게이이치 지음 / 정성호 옮김
미국식 스피드 경영에 익숙해져 현실의 오류를 간과하고 있는 사람들을 위한 어떻게 팔 것인가보다 무엇을 팔 것인가를 설명하는 마케팅 컨설턴트의 대안 제시서! 신국판 / 276쪽 / 9,000원

적은 돈으로 큰돈 벌 수 있는 부동산 재테크 이원재 지음
700만 원으로 부동산 재테크에 뛰어들어 100배 불린 저자가 부동산 재테크를 계획하고 있는 사람들이 반드시 알아두어야 할 내용을 경험담을 담아 해설해 놓은 경제서. 신국판 / 340쪽 / 12,000원

바이오혁명 이주영 지음
21세기 국가간 경쟁부문으로 새로이 떠오르고 있는 바이오혁명에 관한 기초지식을 언론사에 몸담고 있는 현직 기자가 아주 쉽게 해설해 놓은 바이오 가이드서. 바이오 관련 용어 해설 수록.
신국판 / 328쪽 / 12,000원

성공하는 사람들의 자기혁신 경영기술 채수명 지음
자기 계발을 통한 신지식 자기경영마인드를 갖추어야 한다는 전제 아래 그 방법을 자세하게 알려주는 자기계발 지침서.
신국판 / 344쪽 / 12,000원

CFO 교텐 토요오 · 타하라 오키시 지음 / 민병수 옮김
일반인들에게 생소한 용어인 CFO, 즉 최고 재무책임자의 역할이 지금까지와는 완전히 달라져야 한다. 기업을 이끌어가는 새로운 키잡이로서의 CFO의 역할, 위상 등을 일본의 기업을 중심으로 하여 알아보고 바람직한 방향을 제시한다. 신국판 / 312쪽 / 12,000원

네트워크시대 네트워크마케팅 임동학 지음
학력, 사회적 지위 등에 관계 없이 자신이 노력한 만큼 돈을 벌 수 있는 네트워크마케팅에 관해 알려주는 안내서.
신국판 / 376쪽 / 12,000원

성공리더의 7가지 조건
다이앤 트레이시 · 윌리엄 모건 지음 / 지창영 옮김
개인과 팀, 조직관계의 개선을 위한 방향제시 및 실천을 위한 안내자 역할을 해주는 책. 현장에서 활용할 수 있는 실용서.
신국판 / 360쪽 / 13,000원

김종결의 성공창업 김종결 지음
'누구나 창업을 할 수는 있지만 아무나 돈을 버는 것은 아니다' 라는 전제 아래 중견 연기자로서, 음식점 사장님으로 성공한 탤런트 김종결의 성공비결을 통해 창업전략과 성공전략을 제시한다.
신국판 / 340쪽 / 12,000원

최적의 타이밍에 내 집 마련하는 기술 이원재 지음
부동산을 통한 재테크의 첫걸음 '내 집 마련'의 결정판. 체계적이고 한눈에 쏙 들어 오는 '내 집 장만 과정'을 쉽게 풀어놓은 부동산 재테크서. 신국판 / 248쪽 / 10,500원

컨설팅 세일즈 *Consulting sales* 임동학 지음
발로 뛰는 영업이 아니라 머리로 하는 영업이 절실히 요구되는 시대 상황에 맞추어 고객지향의 세일즈, 과제해결 세일즈, 구매자와 공급자 간에 서로 만족하는 세일즈법 제시.
내국선판 / 336쪽 / 13,000원

연봉 10억 만들기 김농주 지음
연봉으로 말해지는 임금을 재테크 하여 부자가 될 수 있는 방법 제시. 고액의 연봉을 받기 위해서 개인이 갖추어야 할 실무적 능력, 태도, 마음가짐, 재테크 수단 등을 각 주제에 따라 구체적으로 제시함으로써 부자를 꿈꾸는 사람들이 그 희망을 이룰 수 있게 해준다.
국판 / 216쪽 / 10,000원

주5일제 근무에 따른 한국형 주말창업 최효진 지음
우리나라 실정에 맞는 주말창업 아이템의 제시 및 창업시 필요한 정보를 얻을 수 있는 곳, 주의해야 할 점, 실전 인터넷 쇼핑몰 창업, 표준사업계획서 등을 수록하여 지금 당장이라도 내 사업을 할 수 있게 해주는 창업 길라잡이서. 신국판 변형 양장본 / 216쪽 / 10,000원

돈 되는 땅 돈 안되는 땅 김영준 지음
부동산 틈새시장에서 성공하는 투자 노하우를 신행정수도 예정지 및 고속칠도 역세권 등 투자 유망지역을 중심으로 완벽하게 수록해 놓은 부동산 재테크서. 신국판 / 320쪽 / 13,000원

돈 버는 회사로 만들 수 있는 109가지
다카하시 도시노리 지음 / 민병수 옮김
회사경영에서 경영자가 꼭 알아야 할 기본 사항 수록. 내용이 항목별로 정리되어 있어 원하는 자료를 바로 찾아 볼 수 있는 것이 최대의 장점. 이 책을 통해서 불필요한 군살을 빼고 강한 근육질을 가진 돈 버는 회사를 만들어 보자. 신국판 / 344쪽 / 13,000원

머니투데이 송복규 기자의 부동산으로 주머니돈 100배 만들기 송복규 지음
재테크 수단으로 새롭게 각광 받고 있는 부동산을 이용한 재산 증식 방법 수록. 부동산 재료별 특성에 따른 맞춤 투자전략을 제시하고 알아두면 편리한 부동산 상식도 알려준다. 현직 전문 기자의 예리한 분석과 최신 정보가 담겨 있는 부동산재테크 가이드서.
신국판 / 328쪽 / 13,000원

성공하는 슈퍼마켓&편의점 창업 나명환 지음
슈퍼마켓이나 편의점을 창업하려고 하는 사람들을 위한 창업 가이드서. 어느 위치에 얼마만한 크기로, 어떤 상품을 갖추고 어떤 마인드로 창업하고 영업해야 대형할인점과의 경쟁에서 살아남을 수 있는지 등을 저자의 실제 경험과 통계, 전문가들의 의견을 바탕으로 상세하게 소개. 4×6배판 변형 / 500쪽 / 28,000원

대한민국 성공 재테크 부동산 펀드와 리츠로 승부하라 김영준 지음
새로운 재테크 수단으로 세간의 관심을 모으고 있는 부동산 펀드와 리츠에 관한 투자 안내서. 리스크 없이 투자에 성공하기 위해서 알아두어야 할 주의사항, 펀드 및 리츠 관련 상품 설명, 실제로 투자되고 있는 물건을 수록하여 책을 통해서 실전 투자감각을 익힐 수 있게 하였다. 신국판 / 256쪽 / 12,000원

마일리지 200% 활용하기 박성희 지음
우리 주변에는 마일리지와 관련 있는 다양한 카드가 있다. 신용카드로부터 시작하여 이동통신사의 멤버십 카드, 캐시백 카드, 각 업소의 스탬프 카드 등 다양한 종류의 카드가 각기 특성을 가지고 우리 생활 속에서 이용되고 있다. 잘 알고 활용하면 개인의 주머니 경제, 가계의 살림에 보탬이 되는 각종 마일리지에 관한 최신 정보를 한 권에 모아 놓았다. 이 책의 내용을 잘 활용하면 새는 돈을 알뜰살뜰 모으는 길이 보일 것이다. 국판 변형 / 200쪽 / 8,000원

1%의 가능성에 도전, 성공 신화를 이룬 여성 CEO 김미현 지음
탄탄하게 자리를 잡은 15군데 중소기업의 여성 CEO들이 회사를 운영하면서 겪은 어려움, 기쁨 등을 자서전 형식을 빌어 솔직 담백하게 얘기했다. 예비 창업자들을 위한 조언, 경영 철학, 성공 요인도 담고 있어 창업을 준비하는 사람들에게 도움이 될 것이다.
신국판 / 248쪽 / 9,500원

 주 식 

개미군단 대박맞이 주식투자
홍성걸(한양증권 투자분석팀 팀장) 지음 / 신국판 / 310쪽 / 9,500원

알고 하자! 돈 되는 주식투자
이길영 외 2명 공저 / 신국판 / 388쪽 / 12,500원

항상 당하기만 하는 개미들의 매도 · 매수타이밍 999% 적중 노하우
강경무 지음 / 신국판 / 336쪽 / 12,000원

부자 만들기 주식성공클리닉
이창희 지음 / 신국판 / 372쪽 / 11,500원

선물 · 옵션 이론과 실전매매
이창희 지음 / 신국판 / 372쪽 / 12,000원

너무나 쉬워 재미있는 주가차트
홍성무 지음 / 4×6배판 / 216쪽 / 15,000원

 역 학 

역리종합 만세력 정도명 편저 / 신국판 / 532쪽 / 10,500원

작명대전 정보국 지음 / 신국판 / 460쪽 / 12,000원

하락이수 해설 이천교 편저 / 신국판 / 620쪽 / 27,000원

현대인의 창조적 관상과 수상 백운산 지음 / 신국판 / 344쪽 / 9,000원

대운용신영부적 정재원 지음 / 신국판 양장본 / 750쪽 / 39,000원

사주비결활용법 이세진 지음 / 신국판 / 392쪽 / 12,000원

컴퓨터세대를 위한 新 성명학대전
박용찬 지음 / 신국판 / 388쪽 / 11,000원

길흉화복 꿈풀이 비법 백운산 지음 / 신국판 / 410쪽 / 12,000원
새천년 작명컨설팅 정재원 지음 / 신국판 / 492쪽 / 13,900원
백운산의 신세대 궁합 백운산 지음 / 신국판 / 304쪽 / 9,500원
동자삼 작명학 남시모 지음 / 신국판 / 496쪽 / 15,000원
구성학의 기초 문길여 지음 / 신국판 / 412쪽 / 12,000원

생활법률

여성을 위한 성범죄 법률상식
조명원(변호사) 지음/ 신국판 / 248쪽 / 8,000원

아파트 난방비 75% 절감방법
고영근 지음 / 신국판 / 238쪽 / 8,000원

일반인이 꼭 알아야 할 절세전략 173선
최성호(공인회계사) 지음 / 신국판 / 392쪽 / 12,000원

변호사와 함께하는 부동산 경매
최환주(변호사) 지음 / 신국판 / 404쪽 / 13,000원

혼자서 쉽고 빠르게 할 수 있는 소액재판
김재용 · 김종철 공저 / 신국판 / 312쪽 / 9,500원

"술 한 잔 사겠다"는 말에서 찾아보는 채권 · 채무
변환철(변호사) 지음 / 신국판 / 408쪽 / 13,000원

알기쉬운 부동산 세무 길라잡이
이건우(세무서 재산계장) 지음 / 신국판 / 400쪽 / 13,000원

알기쉬운 어음, 수표 길라잡이
변환철(변호사) 지음 / 신국판 / 328쪽 / 11,000원

제조물책임법
강동근(변호사) · 윤종성(검사) 공저 / 신국판 / 368쪽 / 13,000원

알기 쉬운 주5일근무에 따른 임금 · 연봉제 실무
문강분(공인노무사) 지음 / 4×6배판 변형 / 544쪽 / 35,000원

변호사 없이 당당히 이길 수 있는 형사소송 김대환 지음
우리 생활과 함께 숨쉬는 형사법 서식을 구체적인 사례와 함께 소
개. 내 손으로 간결하고 명확한 고소장 · 항소장 · 상고장 등 형사
소송서식을 작성할 수 있다. 형사소송 관련 서식 CD 수록.
신국판 / 304쪽 / 13,000원

변호사 없이 당당히 이길 수 있는 민사소송 김대환 지음
민사, 호적과 가사를 포함한 생활과 밀접한 관련이 있는 생활법률
전반을 보통 사람들이 가장 궁금해하는 내용을 위주로 하여 사례
를 들어가며 아주 쉽게 풀어놓은 민사 실무서.
신국판 / 412쪽 / 14,500원

혼자서 해결할 수 있는 교통사고 Q&A 조명원(변호사) 지음
현실에서 본인이 아무리 원하지 않더라도 운명처럼 누구에게나 닥
칠 수 있는 교통사고 문제를 사례, 각급 법원의 주요 판례와 함께
정리하여 일반인들도 쉽게 이해할 수 있도록 내용 구성.
신국판 / 336쪽 / 12,000원

법률 일반

부동산 생활법률의 기본지식
대한법률연구회 지음 / 김원중(변호사) 감수 / 신국판 / 480쪽 / 12,000원

고소장 · 내용증명 생활법률의 기본지식
하태웅(변호사) 지음 / 신국판 / 440쪽 / 12,000원

노동 관련 생활법률의 기본지식
남동희(공인노무사) 지음 / 신국판 / 528쪽 / 14,000원

외국인 근로자 생활법률의 기본지식
남동희(공인노무사) 지음 / 신국판 / 400쪽 / 12,000원

계약작성 생활법률의 기본지식
이상도(변호사) 지음 / 신국판 / 560쪽 / 14,500원

지적재산 생활법률의 기본지식
이상도(변호사) · 조의제(변리사) 공저 / 신국판 / 496쪽 / 14,000원

부당노동행위와 부당해고 생활법률의 기본지식
박영수(공인노무사) 지음 / 신국판 / 432쪽 / 14,000원

주택 · 상가임대차 생활법률의 기본지식
김운용(변호사) 지음 / 신국판 / 480쪽 / 14,000원

하도급거래 생활법률의 기본지식
김진홍(변호사) 지음 / 신국판 / 440쪽 / 14,000원

이혼소송과 재산분할 생활법률의 기본지식
박동섭(변호사) 지음 / 신국판 / 460쪽 / 14,000원

부동산등기 생활법률의 기본지식
정상태(법무사) 지음 / 신국판 / 456쪽 / 14,000원

기업경영 생활법률의 기본지식
안동섭(단국대 교수) 지음 / 신국판 / 466쪽 / 14,000원

교통사고 생활법률의 기본지식
박정무(변호사) · 전병찬 공저 / 신국판 / 480쪽 / 14,000원

소송서식 생활법률의 기본지식
김대환 지음 / 신국판 / 480쪽 / 14,000원

호적 · 가사소송 생활법률의 기본지식
정주수(법무사) 지음 / 신국판 / 516쪽 / 14,000원

상속과 세금 생활법률의 기본지식
박동섭(변호사) 지음 / 신국판 / 480쪽 / 14,000원

담보 · 보증 생활법률의 기본지식
류창호(법학박사) 지음 / 신국판 / 436쪽 / 14,000원

소비자보호 생활법률의 기본지식
김성천(법학박사) 지음 / 신국판 / 504쪽 / 15,000원

판결 · 공정증서 생활법률의 기본지식
정상태(법무사) 지음 / 신국판 / 312쪽 / 13,000원

처 세

성공적인 삶을 추구하는 여성들에게 우먼파워
조안 커너 · 모이라 레이너 공저 / 지창영 옮김
사회의 여성을 향한 냉대와 편견의 벽을 깨뜨리고 성공적인 삶을
이루려는 여성들이 갖추어야 할 자세 및 삶의 이정표 제시!!
신국판 / 352쪽 / 8,800원

聽 이익이 되는 말 話 손해가 되는 말
우메시마 미요 지음 / 정성호 옮김
직장이나 집안에서 언제나 주고받는 일상의 화제를 모아 실음으로
써 대화의 참의미를 깨닫고 비즈니스를 성공적으로 이끌기 위한
대화술을 키우는 방법 제시!! 신국판 / 304쪽 / 9,000원

성공하는 사람들의 화술테크닉 민영욱 지음
개인간의 사적인 대화에서부터 대중을 위한 공적인 강연에 이르기
까지 어떻게 말하고 어떻게 스피치를 할 것인가에 관한 지침서.
신국판 / 320쪽 / 9,500원

부자들의 생활습관 가난한 사람들의 생활습관
다케우치 야스오 지음 / 홍영의 옮김
경제학의 발상을 기본으로 하여 사람들이 살아가면서 생활에서 생
각해 볼 수 있는 이익을 보는 생활습관과 손해를 보는 생활습관을
수록, 독자 자신에게 맞는 생활습관의 기본 전략을 설계할 수 있도
록 제시. 신국판 / 320쪽 / 9,800원

코끼리 귀를 당긴 원숭이-히딩크식 창의력을 배우자 강충인 지음
코끼리와 원숭이의 우화를 히딩크의 창조적 경영기법과 리더십에
대비하여 자기혁신, 기업혁신을 꾀하는 창의력 개발법을 제시.
신국판 / 208쪽 / 8,500원

성공하려면 유머와 위트로 무장하라 민영욱 지음
21세기에 들어 새로운 추세를 형성하고 있는 말 잘하기. 이러한
추세에 맞추어 현재 스피치 강사로 활약하고 있는 저자가 말을 잘
하는 방법과 유머와 위트를 만들고 즐기는 방법을 제시한다.

신국판 / 292쪽 / 9,500원

등소평의 오뚝이전략 조창남 편저
중국 역사상 정치·경제·학문 등의 분야에서 최고 위치에 오른 리더들의 인재활용, 상황 극복법 등 처세 전략·전술을 통해 이 시대의 성공인으로 자리매김하는 해법 제시.
신국판 / 304쪽 / 9,500원

노무현 화술과 화법을 통한 이미지 변화 이현정 지음
현재 불교방송에서 활동하고 있는 이현정 아나운서의 화술 길라잡이서. 노무현 대통령의 독특한 화술과 화법을 통해 리더로서, 성공인으로서 갖추어야 할 화술 화법을 배우는 화술 실용서.
신국판 / 320쪽 / 10,000원

성공하는 사람들의 토론의 법칙 민영욱 지음
다양한 사람들의 다양한 욕구를 하나로 응집시키는 수단으로 등장하고 있는 토론에 관해 간단하고 쉽게 제시한 토론 길라잡이서.
신국판 / 280쪽 / 9,500원

사람은 칭찬을 먹고산다 민영욱 지음
현대에서 성공하는 사람으로 남기 위해서는 남을 칭찬할 줄도 알아야 한다. 성공하는 사람이 되기 위해서 알아야 할 칭찬 스피치의 기법, 특징 등을 실생활에 적용해 설명해놓은 성공처세 지침서.
신국판 / 268쪽 / 9,500원

사과의 기술 김농주 지음
미안하다는 말에 인색한 한국인들에게 "I'm sorry."가 성공을 위한 처세 기법으로 다가온다. 직장, 가정 등 다양한 환경에서 사과 한마디의 의미, 기능을 알아보고 효율성을 가진 사과가 되기 위해 갖추어야 할 조건을 제시한다.
신국판 변형 양장본 / 200쪽 / 10,000원

취업 경쟁력을 높여라 김농주 지음
각 기업별 특성 및 취업 정보 분석과 예비 취업자의 능력 개발, 자신의 적성에 맞는 직종과 직장 잡는 법을 상세하게 수록.
신국판 / 280쪽 / 12,000원

유비쿼터스시대의 블루오션 전략 최양진 지음
나날이 치열해지는 경쟁 환경 속에서 최후의 웃는 사람이 되기 위해서는 시대의 흐름에 빨리 적응하고, 정보를 신속하게 받아들이며, 남과는 다른 튀는 행동을 해야 한다고 저자는 주장한다. 유비쿼터스시대를 맞아 생존 경쟁에서 살아남는 지혜, 전략을 현실 점검을 바탕으로 세우는 방법 제시. 신국판 / 248쪽 / 10,000원

나만의 블루오션 전략-화술편 민영욱 지음
모든 사람과의 관계에는 대화가 있게 마련이다. 특히 직장이나 비즈니스를 하는 CEO들은 더욱 절실히 느낄 것이다. 이 책에는 일반적으로 나누는 대화의 기법부터 좀더 부드러운 분위기를 위한 유머화술의 기법까지 총망라히어 성공된 리더가 될 수 있는 방법을 제시한다. 신국판 / 254쪽 / 10,000원

희망의 씨앗을 뿌리는 20대를 위하여 우광균 지음
이 책은 예측대로 살아지지 않는 인생에 이제 막 발을 들여놓은 사회초년생에게 인생의 지침이 되어줄 조언이 담겨 있다. 저자 자신이 경험한 실제 사례들을 통해 우리가 일상에서 쉽게 접하는 모든 일들을 어떻게 받아들이고 또 얻을 수 있는 것은 무엇인지 알려주고 있다. 신국판 / 172쪽 / 8,000원

명 상

명상으로 얻는 깨달음 달라이 라마 지음 / 지창영 옮김
티베트의 정신적 지도자이자 실질적 지도자인 달라이 라마의 수많은 가르침 가운데 현대인에게 필요해지고 있는 인내에 대한 이야기. 국판 / 320쪽 / 9,000원

어 학

2진법 영어 이상도 지음 / 4×6배판 변형 / 328쪽 / 13,000원

한 방으로 끝내는 영어 고제윤 지음 / 신국판 / 316쪽 / 9,800원

한 방으로 끝내는 영단어 김승엽 지음 / 김수경·카렌다 감수 / 4×6배판 변형 / 236쪽 / 9,800원

해도해도 안 되던 영어회화 하루에 30분씩 90일이면 끝낸다
Carrot Korea 편집부 지음 / 4×6배판 변형 / 260쪽 / 11,000원

바로 활용할 수 있는 기초생활영어
김수경 지음 / 신국판 / 240쪽 / 10,000원

바로 활용할 수 있는 비즈니스영어
김수경 지음 / 신국판 / 252쪽 / 10,000원

생존영어55 홍일록 지음 / 신국판 / 224쪽 / 8,500원

필수 여행영어회화 한현숙 지음 / 4×6판 변형 / 328쪽 / 7,000원

필수 여행일어회화 윤영자 지음 / 4×6판 변형 / 264쪽 / 6,500원

필수 여행중국어회화 이은진 지음 / 4×6판 변형 / 256쪽 / 7,000원

영어로 배우는 중국어 김승엽 지음 / 신국판 / 216쪽 / 9,000원

필수 여행스페인어회화 유연창 지음 / 4×6판 변형 / 288쪽 / 7,000원

바로 활용할 수 있는 홈스테이 영어
김형주 지음 / 신국판 / 184쪽 / 9,000원

 # 레포츠 

수열이의 브라질 축구 탐방 삼바 축구, 그들은 강하다
이수열 지음 / 신국판 / 280쪽 / 8,500원

마라톤, 그 아름다운 도전을 향하여
빌 로저스·프리실라 웰치·조 헨더슨 공저 / 오인환 감수 / 지창영 옮김 / 4×6배판 / 320쪽 / 15,000원

퍼팅 메커닉 이근택 지음
감각에 의존하는 기존 방식의 퍼팅은 이제 그만!!
저자 특유의 과학적 이론을 신체근육 운동학에 접목시켜 몸의 무리를 최소한으로 덜고 최대한의 정확성과 거리감을 갖게 하는 새로운 퍼팅 메커닉 북. 4×6배판 변형 / 192쪽 / 18,000원

아마골프 가이드 정영호 지음
골프를 처음 시작하는 모든 아마추어 골퍼를 위해 보다 쉽고 빠르게 이해할 수 있도록 내용이 구성된 아마골프 레슨 프로그램서.
4×6배판 변형 / 216쪽 / 12,000원

인라인스케이팅 100%즐기기 임미숙 지음
레저 문화에 새로운 강자로 자리매김하고 있는 인라인 스케이팅을 안전히고 재미있게 즐길 수 있도록 알려주는 인라인 스케이팅 지침서. 각단계별 동작을 한눈에 알아볼 수 있도록 세부 동작별 일러스트 수록. 4×6배판 변형 / 172쪽 / 11,000원

배스낚시 테크닉 이종건 지음
현재 한국배스스쿨에서 강사로 활약하고 있는 아마추어 배스 낚시꾼과 중급 수준의 배스 낚시꾼들이 자신의 실력을 한 단계 업그레이드 시킬 수 있도록 루어의 활용. 응용법 등을 상세하게 해설.
4×6배판 / 440쪽 / 20,000원

나도 디지털 전문가 될 수 있다!!! 이승훈 지음
깜찍한 디자인과 간편하게 휴대할 수 있다는 장점 때문에 새로운 생활필수품으로 자리를 잡아가고 있는 디카·디캠을 짧은 시간 안에 쉽게 배울 수 있도록 해놓은 초보자를 위한 디카·디캠 길라잡이서. 4×6배판 / 320쪽 / 19,200원

스키 100% 즐기기 김동환 지음
스키 인구의 확산 추세에 따라 스키의 기초 이론 및 기본 동작부터 상급의 기술까지 단계별 동작을 전문가의 동작사진을 곁들여 내용 구성. 4×6배판 변형 / 184쪽 / 12,000원

태권도 총론 하웅의 지음
우리의 국기 태권도에 관한 실용 이론서. 지도자가 알아야 할 사항, 태권도장 운영이론, 응급처치법 및 태권도 경기규칙 등 필수 내용만 수록. 4×6배판 / 288쪽 / 15,000원

건강하고 아름다운 동양란 기르기 난마을 지음

동양란 재배의 첫걸음부터 전시회 출품까지 동양란의 모든 것 수록. 동양란의 구조·특징·종류·감상법, 꽃대 관리·꽃 피우기·발색 요령 등 건강하고 아름다운 동양란 만들기로 구성.
4×6배판 변형 / 184쪽 / 12,000원

수영 100% 즐기기　김종만 지음
물 적응하기부터 수영용품, 수영과 건강, 응용수영 및 고급 수영 기술에 이르기까지 주옥 같은 수중촬영 연속사진으로 자세히 설명해 주는 수영기법 Q&A.　4×6배판 변형 / 248쪽 / 13,000원

애완견114　황양원 엮음
애완견 길들이기, 애완견의 먹거리, 멋진 애완견 만들기, 애완견의 질병 예방과 건강, 애완견의 임신과 출산, 애완견에 대한 기타 관리 등 애완견을 기를 때 반드시 알아야 할 내용 수록.
4×6배판 변형 / 228쪽 / 13,000원

건강을 위한 웰빙 걷기　이강옥 지음
건강 운동으로서 많은 사람들의 관심을 모으고 있는 걷기운동을 상세하게 설명. 걷기시 필요한 장비, 올바른 걷기 자세를 설명하고 고혈압·당뇨병·비만증·골다공증 등 성인병과 관련해 걷기운동을 했을 때 얻을 수 있는 효과를 수록하여 성인병을 예방하고 치료할 수 있도록 하였다.　대국전판 / 280쪽 / 10,000원

우리 땅 우리 문화가 살아 숨쉬는 옛터　이형권 지음
우리나라에서 가장 가보고 싶은 역사의 현장 19곳을 선정. 그 터에 어린 조상의 숨결과 역사적 증언을 만날 수 있는 시간 제공. 맛있는 집, 찾아가는 길, 꼭 가봐야 할 유적지 등 핵심 내용 선별 수록.
대국전판 올컬러 / 208쪽 / 9,500원

아름다운 산사　이형권 지음
우리나라의 대표적인 산사를 찾아 계절 따라 산사가 주는 이미지, 산사가 안고 있는 역사적 의미를 되새겨 본다. 동시에 산사를 찾음으로써 생활에 찌든 현대인들이 삶의 활력을 되찾는 시간을 갖게 한다.　대국전판 올컬러 / 208쪽 / 9,500원

골프 100타 깨기　김준모 지음
읽고 따라 하기만 해도 100타를 깰 수 있는 골프의 전략·전술의 비법 공개. 뛰어난 골프 실력은 올바른 그립과 어드레스에서 비롯됨을 강조한 초보자를 위한 실전 골프 지침서.
4×6배판 변형 / 136쪽 / 10,000원

쉽고 즐겁게! 신나게! 배우는 재즈댄스　최재선 지음
몸치인 사람도 쉽게 따라 하고 배우는 재즈댄스 안내서. 이 책에 실려 있는 기본 동작을 익혀 재즈댄스를 하면 생활 속의 긴장과 스트레스를 털어버리고 활력을 되찾을 수 있으며, 다이어트 효과도 얻을 수 있다.　4×6배판 변형 / 200쪽 / 12,000원

맛과 멋이 있는 낭만의 카페　박성찬 지음
가족끼리, 연인끼리 추억을 만들고 행복한 시간을 보낼 수 있는 서울 근교의 카페를 엄선하여 소개. 카페에 대한 인상 및 기본 정보, 인근 볼거리 등도 함께 수록하여 손 안의 인터넷 정보서가 될 수 있게 했다.　대국전판 올컬러 / 168쪽 / 9,900원

한국의 숨어 있는 아름다운 풍경　이종원 지음
우리나라의 숨어 있는 아름다운 풍경을 찾아 소개하는 여행서. 저자의 여행 감상과 먹거리, 볼거리, 사람 사는 이야기가 담겨 있어 안내서라기보다는 답사기라고 할 수 있다. 서정과 사진이 풍부하게 담겨 있는 그곳에 가고 싶다 시리즈 4번째 책.
대국전판 올컬러 / 208쪽 / 9,900원

사람이 있고 자연이 있는 아름다운 명산　박기성 지음
산을 좋아하는 사람들을 위한 산 안내서. 한번쯤 가보면 좋을 산을 엄선하여 그 산이 갖는 매력을 서정성 짙은 글로 풀어 놓았다. 가는 방법과 둘러 보아야 할 곳도 덤으로 설명.
대국전판 올컬러 / 176쪽 / 12,000원

마음의 고향을 찾아가는 여행 포구　김인자 지음
일상 생활에서 벗어나고 싶다면 우리 국토의 진정한 아름다움을 느끼게 해주는 포구로 가보자. 그 곳에서 사람냄새, 자연이 어우러진 역동성에 삶의 의욕을 되찾을 수 있을 것이다. 시인이자 여행가인 김인자 님이 소개하는 가볼 만한 대표적인 포구 20곳 수록. 볼거리, 먹거리와 함께 서정성 넘치는 글로 포구의 낭만, 삶의 현장을 소개.　대국전판 올컬러 / 224쪽 / 14,000원

골프 90타 깨기　김광섭 지음
90타를 깨고 싱글로 진입할 수 있게 해주는 실전 골프 테크닉서. 스트레칭, 세트 업, 드라이버 스윙, 샷, 어프로치, 퍼팅, 벙커 샷 등의 스윙 원리를 요점을 짚어 정리해 놓았으므로 골퍼 자신의 잘못된 스윙을 바로잡는 데 많은 도움이 될 것이다. 또한 연습장에서 스윙 연습을 하는 방법도 수록해 골프의 재미를 한층 더 배가시켜 즐길 수 있게 하였다.　4×6배판 변형 / 148쪽 / 11,000원

생명이 살아 숨쉬는 한국의 아름다운 강　민병준 지음
물놀이를 하는 아이들, 재첩을 잡는 사람들, 두물머리에 서 있는 연인들. 이 모습은 우리나라의 강변에서 볼 수 있는 정겨운 장면이다. 우리나라의 대표적인 강 15곳을 엄선하여 찾아가는 법, 먹거리, 잘 곳 등을 함께 수록. 또한 강과 연관 있는 인근의 볼거리를 수록하여 가족이나 연인 사이에는 추억을 만들고, 자녀와는 역사공부도 할 수 있게 내용을 아기자기 하게 꾸민 강 여행서.
대국전판 올컬러 / 168쪽 / 12,000원

틈나는 대로 세계여행　김재관 지음
다른 나라를 알고 다른 문화를 알고자 하는 노력은 결국 내 자신의 정신세계를 풍요롭게 하는 일이다. 그리고 여행이 정신세계를 풍요롭게 하는 데 좋은 도구가 될 수 있다. 이 책에는 도전과 모험을 꿈꾸는 사람이라면 한 번은 가보아야 할 세계의 오지에 대한 이야기가 실려 있다. 저자가 엄선한 28개국의 오지에 대한 감상, 교통편, 알아두면 편리한 상식 등이 수록되어 있으므로 여행지에 대한 사전 지식을 쌓는 데 많은 도움이 될 것이다.
4×6배판변형 올컬러 / 368쪽 / 20,000원

KLPGA 최여진 프로의 센스 골프　최여진 지음
KLPGA 출신 처음으로 쓴 골프 길라잡이. 신체 조건이나 골프채의 길이 또는 무게, 스윙 등 기초에서부터 기술적인 부분까지 미세하게 다른, 그동안 필자가 골프를 하면서 여성으로서 느꼈던 애로사항과 노하우를 담아 모든 골프 마니아들에게 실질적인 도움을 주고 스코어를 줄일 수 있는 해답을 찾게 해줄 것이다.
4×6배판변형 올컬러 / 192쪽 / 13,900원

해양스포츠 카이트보딩　김남용 편저
국내 유일의 카이트보딩 자격증 소지자가 소개하는 국내 최초의 카이트보딩 안내서. 친절한 안내와 기술 향상을 위한 지식을 담고 있어 초보자에서 마니아에 이르기까지 훌륭한 동반자가 되어줄 것이다.　신국판 올컬러 / 152쪽 / 18,000원

KTPGA 김준모 프로의 파워 골프　김준모 지음
골프의 기원과 역사를 비롯하여 골프의 기본 기술을 체계적으로 숙달할 수 있는 효과적인 연습법, 골퍼에게 필요한 기본 상식들을 모두 수록하였다. 골프를 더욱더 깊이 이해하고 골프를 즐기고 골프를 통하여 삶의 활력소를 얻을 수 있을 뿐만 아니라, 진정한 골퍼로서 거듭날 기회를 제공해줄 것이다.
4×6배판변형 올컬러 / 192쪽 / 13,900원

골프 80타 깨기　오태훈 지음
80타를 깨고 70타로 진입하겠다는 목표를 세운 골퍼들을 대상으로 스윙의 이론적 풀이보다는 여러 가지 상황에서 위기를 모면할 수 있도록 도와주는 기술과 깨끗한 마무리, 전체적인 스코어를 낮추는 데에 중점을 둔 싱글을 위한 실전 골프 테크닉서로, 이 책만 따라하면 최고의 골퍼를 향한 목표에 도달할 수 있을 것이다.
4×6배판 변형 / 132쪽 / 10,000원

희망의 씨앗을 뿌리는

20대를 위하여

2006년 2월 15일 제1판 1쇄 발행

지은이/우광균
펴낸이/강선희
펴낸곳/가림출판사

등록/1992. 10. 6. 제4-191호
주소/서울시 광진구 구의동 57-71 부원빌딩 4층
대표전화/458-6451   팩스/458-6450
홈페이지 http://www.galim.co.kr
e-mail galim@galim.co.kr

값 8,000원

ISBN 89-7895-227-5 13320

**자비 출판 안내

다양한 취향과 개성이 표출되면서 출판 분야 또한 다양화되고 소량화되어 갑니다. 가히 다품종 소량 출판의 시대라 할 수 있습니다.

가림출판사에서는 숨은 원고를 발굴하여 세상에 선보이고자 하는 취지로 주문형 출판을 해 드립니다. 아끼는 원고를 책으로 만드시려면 저희 가림출판사에 문의하시기 바랍니다. 20년 이상의 출판 경험을 활용하여 적절한 가격으로 귀하의 품위를 지켜 드립니다.
자비 출판이란 저자가 제작 비용을 부담하고 출판사가 제작과 사후 관리를 담당하는 시스템입니다. 다음과 같은 부대 사항을 당사에서 대행해 드립니다.

- 원고를 책으로 제작
- 출판등록과 국제 문헌번호(ISBN) 부여
- 대한출판문화협회에 납본
- 판권 보장
- 당사 거래 전국 서점에 유통 및 관리

자세한 내용은 저희 출판사로 문의해 주시기 바랍니다.

T EL : 02 - 458 - 6451   FAX : 02 - 458 - 6450
홈페이지 : http://www.galim.co.kr   E-mail : galim @ galim.co.kr